CONTRATO DE NAMORO

Amor Líquido e Direito de Família Mínimo

COLEÇÃO FÓRUM
DIREITO CIVIL
E SEUS DESAFIOS CONTEMPORÂNEOS

COLEÇÃO FÓRUM
DIREITO CIVIL
E SEUS DESAFIOS CONTEMPORÂNEOS

Marília Pedroso Xavier

Prefácio
Ana Carolina Brochado Teixeira

Apresentação
Paulo Nalin

CONTRATO DE NAMORO

Amor Líquido e Direito de Família Mínimo

3

3ª edição revista, ampliada e atualizada
2ª reimpressão

Belo Horizonte
FÓRUM
CONHECIMENTO JURÍDICO
2025

FÓRUM
CONHECIMENTO JURÍDICO

Luís Cláudio Rodrigues Ferreira
Presidente e Editor

Coordenação editorial: Leonardo Eustáquio Siqueira Araújo
Thaynara Faleiro Malta

Rua Paulo Ribeiro Bastos, 211 – Jardim Atlântico – CEP 31710-430
Belo Horizonte – Minas Gerais – Tel.: (31) 99412.0131
www.editoraforum.com.br – editoraforum@editoraforum.com.br

Técnica. Empenho. Zelo. Esses foram alguns dos cuidados aplicados na edição desta obra. No entanto, podem ocorrer erros de impressão, digitação ou mesmo restar alguma dúvida conceitual. Caso se constate algo assim, solicitamos a gentileza de nos comunicar através do *e-mail* editorial@editoraforum.com.br para que possamos esclarecer, no que couber. A sua contribuição é muito importante para mantermos a excelência editorial. A Editora Fórum agradece a sua contribuição.

Dados Internacionais de Catalogação na Publicação (CIP) de acordo com a AACR2

X3c Xavier, Marília Pedroso
Contrato de namoro: amor líquido e direito de família mínimo / Marília Pedroso Xavier. 3. ed. 2. reimpr. – Belo Horizonte : Fórum, 2022.
164 p.; 14,5x21,5cm

Coleção Fórum Direito Civil e seus desafios contemporâneos, v. 3.

ISBN da coleção: 978-85-450-0675-6
ISBN do volume: 978-65-5518-399-3

1. Direito Civil. 2. Direito de Família. 3. Coleção Fórum Direito Civil e seus desafios contemporâneos. I. Título.

CDD: 342.16
CDU: 347.6

Elaborado por Daniela Lopes Duarte – CRB-6/3500

Informação bibliográfica deste livro, conforme a NBR 6023:2018 da Associação Brasileira de Normas Técnicas (ABNT):

XAVIER, Marília Pedroso. *Contrato de namoro*: amor líquido e direito de família mínimo. 3. ed. 2. reimpr. Belo Horizonte: Fórum, 2022. (Coleção Fórum Direito Civil e seus desafios contemporâneos, v. 3). 164 p. ISBN 978-65-5518-399-3.

Dedico este livro ao William, com os votos de que cada pessoa possa realizar seus próprios anseios pessoais e patrimoniais na seara do amor e da família.

AGRADECIMENTOS

> *Num ambiente líquido, imprevisível e de fluxo rápido, precisamos, mais do que nunca, de laços firmes e seguros de amizade e confiança mútua. Afinal, os amigos são pessoas com que podemos contar quando precisamos de compreensão e de ajuda no caso de tropeçarmos e cairmos.*
> (Zygmunt Bauman)

Foi com muita alegria que recebi o convite da Editora Fórum para que esta obra fosse publicada como o mais novo volume da prestigiada *Coleção Fórum Direito Civil e seus desafios contemporâneos*. Fruto de uma dissertação de mestrado defendida em 2011, a obra ainda se revela pertinente e atual, sendo perceptível na contemporaneidade o acirramento judicial de temas que já eram então problematizados quando da escrita.

Em razão do apelo midiático que o assunto tem recebido, fruto de alguns casos concretos simbólicos amplamente veiculados, a urgência do debate jurídico tem sido cada vez maior. Por isso, o convite para publicação foi extremamente preciso ao afirmar o interesse editorial na obra nos exatos moldes originais em que foi escrito, sem embargo de posteriores e desejáveis novas edições.

Registra-se agradecimento especial ao Professor Doutor Marcos Ehrhardt Junior, jovem civilista de escol, coordenador da referida coleção e grande incentivador para que este trabalho viesse a público.

De 2011 até a presente data, posso afirmar com sentimento de muita gratidão que a vida se revelou extremamente generosa com meus sonhos acadêmicos e profissionais. Após o mestrado, tive a honra de me doutorar na Universidade de São Paulo e de me tornar professora adjunta da Universidade Federal do Paraná. Para além da docência, a advocacia se tornou igualmente intensa, permitindo reflexões não apenas teóricas, mas também com a sensibilidade dos dilemas forenses cotidianos.

No intuito de conservar a estrutura proposta, seguem nas linhas abaixo o texto ainda com o olhar da época de elaboração. Passados alguns anos, constata-se com alegria que continuam precisamente verdadeiras.

Em 2004, após muita persistência e estudo, tive a felicidade de ver meu grande sonho de infância realizado: ingressar no curso de Direito da Universidade Federal do Paraná. Por isso, entre tantas outras coisas, agradeço a Deus e aos meus pais. Meu pai Mário, por sempre ter me incentivado a assumir uma postura crítica perante a vida, para que eu fosse sujeito de minha própria história. Minha mãe Rosa Maria foi talvez quem despertou essa aspiração em mim e, por meio de seus sacrifícios pessoais, ajudou a torná-la concreta. Ademais, expresso minha admiração por ela ser verdadeiro paradigma do jurista de carreira pública, em razão da seriedade e comprometimento que reconhecidamente dispensa à Procuradoria do Município de Curitiba.

Agradeço a todo restante da família na pessoa de minha irmã Silvia, companheira de viagem de peculiar alegria, a quem sou grata pelo carinho e pela amizade.

O curso de Direito foi se revelando aos poucos cada vez mais apaixonante. Uma disciplina, em especial, parecia, ao mesmo tempo, fascinante e desafiadora. E antes mesmo que pudesse perceber já tinha escolhido estudar Direito Civil. Agradeço imensamente ao Prof. Dr. Paulo Nalin, orientador desta pesquisa, pelos sábios ensinamentos desde o primeiro ano da graduação. Suas lições foram tão cativantes a ponto de elegê-lo paraninfo de minha turma.

O gosto pela vida acadêmica fez do mestrado um caminho natural. A isso devo agradecer ao Prof. Dr. Rodrigo Xavier Leonardo, sempre grande incentivador e com quem pude aprender muito mais do jamais imaginei ser possível. Serei eternamente grata também ao Prof. Dr. Luiz Edson Fachin, pelo estágio em seu escritório e por oportunizar minha participação em eventos e grupos de pesquisa desde o segundo ano da graduação.

Agradeço à minha irmã gêmea Luciana, que, além de minha companhia ab ovo, foi também colega de faculdade e de mestrado. A ela agradeço pela cumplicidade, pela lealdade e por sempre tentar me fazer uma pessoa melhor. Meu maior esforço é verdadeiramente fazer jus à nossa semelhança. Ao Guilherme agradeço pelos momentos de descontração e pelo auxílio na prospecção de materiais estrangeiros.

Agradeço ao William, estimado companheiro de todas as horas. Na impossibilidade de expressar todos os agradecimentos merecidos, relevo especialmente o fato de ter sempre se mantido fiel aos valores que o tornam tão especial e que despertaram o meu mais sincero amor. A partir da 3ª edição, agradeço também pela chegada do nosso pequeno Mateus que tem iluminado e dado ainda mais sentido aos nossos dias.

Por fim, agradeço aos brilhantes advogados Adroaldo Agner Rosa Neto, Camila Grubert, Jorge Henrique Anoroso Coutinho, Juliana Leticia Suttili Carniel e Sabrina de Paula Nascimento pelo auxílio inestimável nos afazeres de atualização da obra.

Curitiba, 2 de maio de 2022.

Am   Am/G   Dm/F
Que me perdoem se eu insisto neste tema

G/F   C/Bb
Mas não sei fazer poema

C/E   Bm7/5-   E7
Ou canção que fale de outra coisa que

Am
Não seja o amor,

Am/G   Dm/F
Se o quadradismo dos meus versos

G/F   C/Bb
Vai de encontro aos intelectos

F7+   Bm7/5-   E7
Que não usam o coração como expressão

(Música Popular Brasileira. *Você abusou*. Antônio Carlos e Jocafi)

SUMÁRIO

APRESENTAÇÃO
Marcos Ehrhardt Júnior 17

PREFÁCIO DA SEGUNDA EDIÇÃO
Ana Carolina Brochado Teixeira 19

NOTA DA 3ª EDIÇÃO 23

APRESENTAÇÃO DA SEGUNDA EDIÇÃO
Paulo Nalin 25

INTRODUÇÃO 29

CAPÍTULO 1
A CONFIGURAÇÃO DA ATUAL SOCIEDADE LÍQUIDO-MODERNA: O AMOR LÍQUIDO 33

1.1 Modernidade, sociedade e vida líquida: em busca de uma radiografia do cenário contemporâneo a partir da obra de Zygmunt Bauman 33
1.2 As relações de consumo na sociedade líquido-moderna 38
1.2.1 A alteração da noção de tempo nas condutas humanas 41
1.2.2 O sentido de descartabilidade gerado pelo consumo desenfreado 45
1.2.3 A produção exacerbada de lixo e de refugos 47
1.2.4 Notas derradeiras sobre o consumo 51
1.3 Os novos contornos das relações de trabalho 52
1.4 O sentimento de desconfiança que norteia as relações sociais 55
1.5 Amor líquido 58

CAPÍTULO 2
O DIREITO DE FAMÍLIA MÍNIMO 69

2.1 Amor líquido e direito de família mínimo 69

2.2 Direito de família mínimo e direito penal mínimo ... 70
2.3 Da família transpessoal à família eudemonista ... 71
2.4 Principais contornos do direito de família mínimo ... 76
2.4.1 O princípio da liberdade ou da não intervenção no direito de família ... 76
2.4.1.1 A cláusula geral de reserva de intimidade ... 79
2.4.2 O princípio da autonomia privada ... 80
2.5 Notas derradeiras sobre o direito de família mínimo ... 83

CAPÍTULO 3

O CONTRATO DE NAMORO ... 85
3.1 Considerações iniciais sobre o contrato de namoro ... 85
3.2 Contrato de namoro: do vilanismo ao protagonismo ... 89
3.2.1 Fase do rechaço: o contrato de namoro é um aborto jurídico? ... 90
3.2.2 Fase da aceitação: ressignificando a compreensão do contrato de namoro ... 95
3.2.3 Fase promocional: o contrato de namoro como instrumento de planejamento afetivo, patrimonial e sucessório ... 97
3.3 Namoro qualificado *versus* união estável: a tênue diferença ... 102
3.4 A natureza jurídica da união estável ... 109
3.5 A natureza jurídica do contrato de namoro ... 114
3.6 O negócio jurídico contrato de namoro ... 116
3.6.1 Aporte na doutrina estrangeira: o *common law marriage* ... 119
3.6.1.1 O acordo de intenções em comum para a não configuração de *common law marriage* (*agreement of joint intent not to have a common law marriage*) ... 122

CAPÍTULO 4

CONTRATO DE NAMORO: COMO CONSTRUIR, REDIGIR, INSTRUMENTALIZAR E FORMALIZAR ... 125
4.1 A advocacia preventiva de família nos dias de hoje ... 125
4.2 Superando o tabu do planejamento afetivo ... 126
4.3 O contrato de namoro como ato concreto de responsabilidade afetiva ... 127
4.4 Quando é necessário pactuar um contrato de namoro? ... 129
4.5 Ao que o contrato de namoro não se presta: o princípio da primazia da realidade ... 131
4.6 Boas práticas para a construção do contrato de namoro ... 132

4.7 Cláusulas essenciais para o contrato de namoro 134
4.8 Como pactuar o término do namoro com segurança jurídica 140
4.9 O contrato de namoro deve ser feito pela forma pública ou particular? 142
4.10 A visão dos notários sobre o contrato de namoro 144

NOTAS FINAIS 145

REFERÊNCIAS 149

ANEXO 163

COLEÇÃO FÓRUM DIREITO CIVIL E SEUS DESAFIOS CONTEMPORÂNEOS

A vida em sociedade é uma constante mutação nos modos e na intensidade de relações interpessoais cada vez mais fluidas e complexas. Diversidade e pluralidade se tornam um desafio para operadores do direito comprometidos com as diretrizes axiológicas do texto constitucional, num cenário de pouca tolerância e respeito a pontos de vista e escolhas comportamentais e negociais diferentes da maioria.

O direito civil exprime o cotidiano do sujeito comum, do indivíduo que assume funções em seu ambiente familiar, negocial e tem que equilibrar as necessidades de interação e contato social com o respeito a seus valores e visão de mundo, que determinam seu projeto de vida e decisões eminentemente existenciais. A velocidade das mudanças no mundo contemporâneo tem produzido um evidente impacto nos institutos tradicionais da disciplina, que carecem de ressistematização e uma funcionalização atenta aos legítimos interesses das pessoas envolvidas.

O melhor caminho para refletir sobre os desafios de aplicar um conhecimento que era abordado de modo estático numa realidade analógica, a um cenário dinâmico de elevada interação digital, é ter acesso a um acervo de qualidade técnica, elaborado mediante uma pesquisa de fontes exemplar, comprometido com a análise crítica do contexto fático atual e com uma metodologia que privilegia a pessoa e suas necessidades existenciais em detrimento de aspectos puramente patrimoniais.

Com esses objetivos apresenta-se a *Coleção Fórum de Direito Civil e seus desafios contemporâneos*, criada com a finalidade de servir como um espaço privilegiado para discussão de um direito civil adequado às demandas do tempo presente. Os livros que forem editados com esse selo têm por objetivo abordar temas que necessitam de maior atenção e debate de operadores jurídicos, quer seja por sua inovação, necessidade de revisão de entendimentos clássicos, quer seja pela nova abordagem que sugerem para enfrentamento de questões controversas relevantes para a melhoria da prestação jurisdicional em nosso país. Busca-se reunir uma doutrina útil para novas pesquisas e para servir de fonte preferencial para decisões judiciais, servindo de fundamento para a atuação de advogados, promotores, defensores e magistrados.

Com a criação desta Coleção, a Editora Fórum mais uma vez reafirma seu compromisso com a consolidação e divulgação de doutrina jurídica de qualidade a seus leitores, garantindo um espaço de excelência para o trabalho de todos aqueles que acreditam na pesquisa jurídica como num dos caminhos para a construção de uma sociedade mais justa e solidária.

Maceió/AL, 21 de abril de 2019.

Marcos Ehrhardt Júnior

Coordenador

PREFÁCIO DA SEGUNDA EDIÇÃO

Os contratos de namoro têm sido objeto de expressiva discussão na sociedade contemporânea, na medida em que se pretende regular questões ligadas às manifestações espontâneas de afeto que sempre existiram, mas que, até então, não participavam do debate jurídico. No entanto, as relações interpessoais mudaram muito. O namoro não significa mais, necessariamente, uma fase que antecede o casamento, mas "um relacionamento amoroso não orientado à constituição de um núcleo familiar estável nem à realização de um projeto de vida em comum",[1] um período de vivências que pode se esgotar nele mesmo, no qual é frequente uma série de atos que eram privativos de pessoas com um compromisso maior.

Essa mudança de comportamentos é inserida em um contexto que Zygmunt Bauman chama de modernidade líquida, uma sociedade marcada pelos avanços tecnológicos e enfraquecida em seus vínculos, pois encontra seu valor no consumo e no imediatismo. O reflexo nos relacionamentos é sua fragilidade e flexibilidade, dando margem ao que Bauman chamou de amor líquido.[2] Por outro lado, em época de maior liberdade existencial, é plenamente possível viver relações mais espontâneas e despretensiosas que satisfaçam seus integrantes, até como contraposição a toda a rigidez da moral e dos costumes do início do século XX. Diante dessa nova realidade nas relações humanas, por que não contratualizá-las? Por que não dar validade e eficácia jurídica às declarações de vontade que exprimem as escolhas pessoais e amorosas dos indivíduos?

Esse é o contexto em que o namoro ganhou destaque social e jurídico. Isso porque nasceu a necessidade de diferenciá-lo da união estável, em razão dos efeitos jurídicos que essa produz. A distinção entre eles antigamente era simples: naqueles relacionamentos em que existiam relações sexuais, verificava-se uma união estável; quando ausente a

1 TJMG, Ap. Civ. nº 1.0362.10.000178-7/001. 7ª Câmara Cível. Rel. Des. Oliveira Firmo, j. 19.6.2012, *DJe*, 29 jun. 2012.

2 BAUMAN, Zygmunt. *Amor líquido*: sobre a fragilidade dos laços humanos. Tradução de Carlos Alberto Medeiros. Rio de Janeiro: Zahar, 2004.

intimidade sexual, estava-se diante de um namoro. As mudanças de comportamento fizeram com que tal diferença se tornasse imprópria para as relações contemporâneas.[3]

Nesse contexto, busca-se maior compreensão a respeito dos contornos das repercussões jurídicas do namoro, nem tanto pelo que ele é, mas pelo que ele não é – já que ele não é união estável e o que se pretende é dela diferenciá-lo. A justificativa para essa regulação se deve à indeterminação conteudística do requisito "*animus* de constituição de família" para caracterização da união estável – que deve estar aliado aos demais requisitos objetivos previstos pelo art. 1.723 do Código Civil, quais sejam, união pública contínua e duradoura –,[4] de modo a não se confundir com condutas de um namoro nos dias de hoje.[5]

É nesse âmbito que se insere a discussão sobre existência, validade e eficácia dos contratos de namoro, instrumento destinado a declarar que as partes não estão vivenciando uma entidade familiar naquele

---

3 "Há situações em que o relacionamento, embora duradouro e estável, é apenas um namoro. Em muitos casos, há um limite tênue e estreito entre namoro e união estável. A dificuldade de avaliação entre estes dois institutos surgiu com a mudança de costumes e valores, especialmente a partir da década de sessenta. Explico: antes disso um dos elementos diferenciadores entre namoro e o então chamado concubinato era a presença de relações sexuais. Com isto era fácil dizer se aquela relação era namoro ou união estável. Hoje, a maioria dos casais de namorados mantém relações sexuais, e esta se tornou um dos ingredientes saudáveis da relação, já que o casamento não é mais a única forma de legitimar as relações sexuais. Portanto, já não há mais este elemento que era determinante para a distinção entre uma e outra relação. E assim o limite ficou ainda mais estreito" (PEREIRA, Rodrigo da Cunha. *Comentários ao Código Civil*. Rio de Janeiro: Forense, 2004. v. XX: Da união estável, da tutela e da curatela. p. 64-65).

4 O STJ já decidiu que mesmo pessoas que coabitaram em situação excepcional não viveram, necessariamente, em união estável: "Tampouco a coabitação, por si, evidencia a constituição de uma união estável (ainda que possa vir a constituir, no mais das vezes, um relevante indício), especialmente se considerada a particularidade dos autos, em que as partes, por contingências e interesses particulares (ele, a trabalho; ela, pelo estudo) foram, em momentos distintos, para o exterior, e, como namorados que eram, não hesitaram em residir conjuntamente. Este comportamento, é certo, revela-se absolutamente usual nos tempos atuais, impondo-se ao Direito, longe das críticas e dos estigmas, adequar-se à realidade social" (STJ, REsp nº 1.454.643/RJ, 3ª T., Rel. Marco Aurélio Bellizze, j. 3.3.2015, *DJe*, 10 mar. 2015).

5 Interessantes as reflexões de Bauman a respeito de algo que ainda precisa ser pensado, em face de situações novas: "Recentemente, eu comecei a chamar a presente situação de 'situação de interregno'. O interregno é um conceito bem antigo, da época de Tito Lívio, que escreveu a história de Roma em Ab Urbe Condita ['desde a fundação da cidade']. Um interregno significa, simplesmente, que a antiga maneira de agir não funciona mais, e novos modos de agir ainda não foram inventados" (BAUMAN, Zygmunt. Sociedade do consumo e do crédito não funciona mais. Entrevista concedida ao jornalista Silio Boccanera do Programa Milênio, da Globo News. *Conjur*, 27 jan. 2012. Disponível em: http://www.conjur.com.br/2012-jan-27/ideias-milenio-zygmunt-bauman-sociologopolones. Acesso em: 11 out. 2015).

momento em que assinaram o *contrato*, mas uma relação espontânea de namoro, que não gera efeitos jurídicos. Trata-se de decisão de duas pessoas, presumidamente livres e iguais, afirmando o que estão vivendo por meio de um negócio jurídico existencial.

Esse foi o tema que norteou a dissertação de mestrado da hoje Doutora e Professora Marília Pedroso Xavier, que defendeu a possibilidade do contrato de namoro em todos os planos da escada ponteana, na medida em que o direito civil-constitucional confere às pessoas autonomia para regularem suas relações como melhor lhes aprouver, desde que não ofendam direitos de terceiros. Dessa forma, o contrato de namoro seria possível, na medida em que o direito de família atual se legitima, entre livres iguais, com mínima interferência em tais relacionamentos, já que inexiste uma presunção de vulnerabilidade que a justifique.

Tendo em vista esse contexto, a autora percorreu a seguinte rota: no primeiro capítulo, desenvolveu o pensamento de Bauman, demonstrando o conceito de liquidez nas sociedades modernas e os reflexos nos relacionamentos interpessoais.

No segundo capítulo, a autora desenvolve as balizas da intervenção do Estado nas relações entre pessoas em iguais condições de liberdade, apoiando-se na teoria do direito de família mínimo, ou seja, o Estado só deve interferir residualmente, quando houver uma situação de desigualdade ou de vulnerabilidade que justifique a supressão da autonomia privada. Pontua a autora que esse espaço de liberdade se instaura em uma realidade familiar eudemonista e solidarista, em que a família se justifica enquanto for funcionalizada à comunhão plena de vida de seus membros.

Sob esse viés, o terceiro capítulo se baseia na defesa da possibilidade do contrato de namoro, na medida em que as vontades estão ali externadas, bem como presentes os elementos essenciais do negócio jurídico previstos no art. 104 do Código Civil, estando apto, então, a produzir os efeitos pretendidos, ou seja, declarar que entre os namorados não há entidade familiar. A autora não descuida da responsabilidade da sua construção teórica, na medida em que afirma que, caso a relação venha a se tornar união estável, o contrato perde eficácia, já que a realidade tem primazia sobre as declarações outrora firmadas.

Esta é a corajosa obra que tenho a enorme alegria em prefaciar, pois ela é grande em pesquisa e coragem como quem a gestou. Conheci Marília há cerca de 15 anos, quando, ainda na graduação, já tinha olhos atentos e interessados nas descobertas que a vida acadêmica poderia lhe proporcionar. Tive a felicidade de acompanhar seu crescimento profissional, sempre fincado em bases sólidas do grupo de pesquisa Virada de Copérnico e fiel às premissas aprendidas e desenvolvidas na Universidade Federal do Paraná – UFPR, onde hoje, é professora. Desenvolvido nessa Casa, seu trabalho contou com a primorosa orientação do Prof. Paulo Nalin e com a arguta arguição do Prof. José Antônio Peres Gediel, em sua banca de mestrado.

Agora, ela buscou a oportunidade de engrandecer seus conhecimentos, tornando-se doutora pela Universidade de São Paulo – USP. A expansão das suas fronteiras geográficas demonstra que ela não se acomoda, nem se contenta com questões óbvias, investigando profundamente as verdadeiras razões para os dilemas que enfrentamos em nosso quotidiano nas salas de aula e nos embates da advocacia. Percebo que, esteja onde estiver, Marília continua a procurar em sua trajetória acadêmica e de forma consistente as respostas às perguntas feitas pelo Min. Luiz Edson Fachin, professor de todos nós: para que serve e a quem serve o direito civil?

Belo Horizonte, 30 de janeiro de 2020.

Ana Carolina Brochado Teixeira

Professora de Direito de Família do Centro Universitário UNA. Doutora em Direito Civil pela Universidade Estadual do Rio de Janeiro. Mestre em Direito Privado pela Pontifícia Universidade Católica de Minas Gerais. Especialista em Direito Civil pela *Università degli Studi di Camerino*. Bacharel em Direito pela Pontifícia Universidade Católica de Minas Gerais. Sócia do escritório Teixeira & Miranda Advogados Associados.

NOTA DA 3ª EDIÇÃO

A vida acadêmica e profissional no direito tem algumas coisas singulares. Desde a graduação, ao ler novas edições de livros consagrados, fui notando que duas afirmações eram bastante recorrentes, seja nas orelhas dos livros ou nas notas dos autores, como esta que escrevo. A primeira delas era algo como "este livro é um organismo vivo, que vai amadurecendo com o tempo". A outra, dava conta da "alegria e da surpresa em ver a receptividade que a obra teve junto ao público, levando a uma nova edição". À época, tinha essas máximas como um adorno recebido de uma tradição vetusta e sem muita ligação com o cotidiano.

Hoje, ao longo das noites de trabalho na atualização deste texto, concebido, originalmente, em 2011, lembrei das afirmações. Senti, imagino eu, o real sentimento que levou aquelas pessoas a registrarem-nas. Realmente, todo livro é um organismo vivo, que amadurece com o tempo; e qual não foi minha alegria em receber o gentil convite para uma nova edição, formulado pela Editora Fórum e pelo coordenador da Coleção Fórum de Direito Civil e Seus Desafios Contemporâneos, o amigo Marcos Ehrhardt Júnior. Já se vão duas edições e mais quatro reimpressões, todas completamente esgotadas. Por isso, gostaria de fazer um agradecimento especial a todos os leitores que me prestigiaram. Sou igualmente grata, também, a todos os clientes que me permitiram, por meio da análise de suas causas na qualidade de advogada ou parecerista, aprofundar o estudo do tema.

A temática do contrato de namoro evoluiu. O saudável distanciamento temporal com a edição anterior permitiu-me ter bem claras as etapas pelas quais a figura do contrato de namoro passou entre nós. Quando da pesquisa original para a escrita de minha dissertação, o contrato de namoro encontrava-se na fase do rechaço. Salvo honrosas exceções, o contrato de namoro era tido como algo inválido e concebido unicamente para fraudar a lei. Depois, lentamente e a duras penas, o contrato de namoro passou a ser aceito como instrumento de planejamento afetivo, e tenho muito orgulho pela contribuição que dei para este ponto de viragem, a partir da dissertação de mestrado, cuja versão amadurecida o leitor tem em mãos. Contemporaneamente, dadas, principalmente, às incertezas com relação à união estável, o contrato de namoro encontra-se em sua fase promocional.

E é justamente por essa fase promocional, a qual traz consigo a riqueza dos casos concretos que batem às portas de minha advocacia, que senti a necessidade de aprofundar alguns temas já presentes nas primeiras edições e, também, de oferecer ao gentil leitor novas contribuições. Assim, no capítulo três houve a atualização da posição do mestre Marcos Bernardes de Mello quanto à classificação da união estável, que de ato jurídico compósito tornou-se negócio jurídico. No capítulo três, ainda, incluíram-se novos tópicos, dedicados à natureza jurídica do contrato de namoro, tendo por marco teórico Pontes de Miranda, e às etapas pelas quais o contrato de namoro perpassou na doutrina e na jurisprudência.

Houve a inclusão, também, do capítulo quatro. Com conteúdo completamente inédito, abordo questões sobre a prática do contrato de namoro sob duas perspectivas. Uma pautada na vivência na advocacia, em que busco repassar alguns *insights* sobre a dinâmica entre advogado-clientes e entre clientes-clientes. A outra, pautada na experiência de construção das cláusulas e contato com os tabelionatos para lavratura das escrituras de contrato de namoro. Apresento um rol de cláusulas que entendo essenciais para um bom contrato de namoro e trago, como anexo, minuta de escritura pública muito gentilmente cedida pela dileta Dra. Priscila Agapito.

Curitiba, outono de 2022.

APRESENTAÇÃO DA SEGUNDA EDIÇÃO

Quando recebi o convite para apresentar a autora desta obra – Marília Pedroso Xavier – fui tomado de espontânea alegria e confiança, a qual, logo adiante, transformou-se em angústia e preocupação, no sentido de apresentar ao grande público a pessoa, a pesquisadora, a professora de Direito Civil e agora autora de obra brilhante: como em tão pouco espaço e tempo fazer uma justa e correta apresentação de pessoa tão querida e estimada, detentora de elogiáveis predicados?

Conheci Marília na qualidade de seu professor de Teoria Geral do Direito Privado, na Faculdade de Direito da UFPR, em 2004. Fazia ela par com a sua inseparável irmã gêmea Luciana Pedroso Xavier, também minha ex-aluna, na mesma sala de aula e curso. De fato, somente percebi que eram gêmeas meses após o início das aulas, ao fazer a matinal chamada e desavisadamente perguntar se eram irmãs ... gargalhadas explodiram na sala de aula ante a minha incauta percepção da realidade. É que não obstante a semelhança física entre Marília e Luciana, distinguem-se em personalidades e condutas e quando se enxerga através dos olhos, todas as pessoas são especialmente singulares.

Acompanhei nossa autora até o terceiro ano da faculdade, foi ela minha monitora. Fui paraninfo da sua turma de graduação em 2008, honraria acadêmica, a verdadeira moeda que paga o professor. Mais tarde, já no mestrado, emprestei meu nome para a orientação da dissertação de mestrado que agora se converteu em livro, cada vez mais pertinente e atual. Empréstimo, isso mesmo, porque Marília caminha por pernas próprias e tudo o que consta da obra é fruto da sua exclusiva pesquisa. Poucos foram meus apontamentos, ante uma obra completa em estrutura e conteúdo.

Com Marília fiz pesquisa em nosso Grupo Virada de Copérnico, quando escrevemos breve ensaio de releitura sobre a obra *cult* de Clóvis do Couto e Silva, a *Obrigação como processo*. Participamos de eventos e simpósios, dentro e fora do país, sendo o mais recente deles na Universidade de Buenos Aires (novembro de 2019).

Para doutorar-se, Marília aceitou o meu conselho de buscar uma formação plural e partiu para São Paulo (USP), onde desenvolveu tese sob o título de *União estável, íntegra e coerente*.

Foi professora do Centro Universitário Autônomo do Brasil – Unibrasil e do Centro Universitário Curitiba – Unicuritiba. É professora da Academia Brasileira de Direito Constitucional, Coordenadora da Escola Superior de Advocacia (ESA) da OAB/PR. Mais: tornou-se minha colega, professora adjunta da Faculdade de Direito da UFPR, aprovada em concorrido concurso público de provas e títulos.

Na advocacia, Marília teve uma rápida passagem por meu escritório, quando mais uma vez bem cumpriu o seu papel. Atualmente, é sócia de sua própria banca, especializada em direito de família, sucessão e empresas familiares.

Sem embargo de uma brilhante trajetória que laureia a sua vida acadêmica e profissional, são outros aspectos que fazem da nossa pequena Marília uma pessoa muito maior do que a sua estatura física. A dedicação, a abdicação, a disciplina e uma dose razoável de inteligência fazem de um bom estudante um grande jurista. Mas tais adjetivos associados à retidão de caráter e personalidade inquebrantável fazem dele um jurista brilhante. É disso que estamos tratando, do carbono que acorda diamante, após o longo sono secreto na entranha escura da terra (Helena Kolody).

Deixo meu depoimento da firme personalidade de Marília pois poucos fatos me marcaram tanto, ao longo de 24 anos de magistério, quanto aquele envolvendo o passamento de Mário Cordeiro Xavier Junior, pai de Marília, ao longo da graduação. A resignação, o recolhimento e a tristeza que inundariam qualquer pessoa diante do trágico episódio se transformaram em têmpera e fortalecimento, pois Marília sequer pediu o adiamento das provas daquela fatídica semana. Cumpriu enlutada a sua missão acadêmica, desculpando-se, após, pelo eventual desempenho mais acanhado nos exames. Por isso que, no meu sentir, força existencial, têmpera e determinação são as marcas indeléveis de Marília, traços que nada ou ninguém conseguem remover.

Então, veio a bonança e com ela o *bom* William, amigo de faculdade, que passou a namorado e depois a marido. Penso que William teve um papel fundamental na obra que ora vem a lume, pois só uma pessoa inserida numa instituição familiar sólida, nada líquida, como é a da Marília, pode olhar o oposto (a não relação ou direito de não a ter constituída) e dele tratar com precisão e autoridade.

E foi um pouco assim com Marília, que acordou diamante e cujo nascimento eu tive o privilégio de testemunhar. Mas tudo isso já passou, faz parte da história de uma vida que não cessa neste livro e segue em busca do angustiante amanhã, pois, enfim:

Para quem viaja ao encontro do sol,
é sempre madrugada.[6]

Curitiba, 30 de janeiro de 2020.

Paulo Nalin

Graduado em Direito pela Universidade Federal do Paraná. Mestre em Direito Privado pela Universidade Federal do Paraná. Doutor em Direito das Relações Sociais pela Universidade Federal do Paraná. Professor de Direito Civil da Faculdade de Direito da Universidade Federal do Paraná. Pós-Doutor em Contratos Internacionais pela *Juristische Fakultät – Universität Basel* (Faculdade de Direito da Universidade da Basiléia, Suíça).

[6] KOLODY, Helena. *Sempre poesia*: antologia poética. Curitiba: Ímã Publicidade, 1994. p. 42.

INTRODUÇÃO

Os trabalhos jurídicos possuem um evidente elemento temporal e territorial, ainda que algumas obras procurem afastá-lo. As ideias defendidas em uma dissertação ou em uma tese são, necessariamente, influenciadas pelo momento e pelo espaço em que a pesquisa foi desenvolvida. A obra aqui publicada não foge desta regra. Trata-se, em essência, da dissertação de mestrado da autora, defendida no ano de 2011, na Universidade Federal do Paraná. O convite para publicação na Coleção Direito Civil e Seus Desafios Contemporâneos, da Editora Fórum, ensejou a reflexão sobre os critérios de atualização a serem adotados pela autora.

Quando, em 2019, deu-se início à leitura do texto para revisão e atualização, uma conclusão foi rapidamente alcançada: os elementos espacial e temporal são constitutivos do livro e o afastamento de um, ou de ambos, implicaria a redação de outra obra. Após cuidadosa reflexão, optou-se pela máxima preservação do texto original, marcado pela metodologia empregada no Programa de Pós-Graduação em Direito da UFPR e pela pesquisa doutrinária e jurisprudencial desenvolvida entre os anos de 2009 e 2011. É a partir dessa escolha e da delimitação dos marcos da pesquisa que se passa a apresentar o problema e o objetivo do livro.

Sabe-se que toda a pesquisa científica deve estar atrelada a um ideal indeclinável de contribuir em algo para a sociedade. Evidente que em uma universidade pública, gratuita e de qualidade – tal como a Universidade Federal do Paraná – esse compromisso deve ser ainda maior.

Desse modo, a escolha do tema emergiu da mais genuína razão que conduz uma pesquisa: a dúvida. Trata-se de um assunto tormentoso, capaz, inclusive, de gerar controvérsias e posicionamentos antagônicos entre estudiosos que até então partilhavam das mesmas premissas. Certamente isto fez com que desde o início da pesquisa até o momento final de redação do trabalho a autora tenha enfrentado inúmeras dificuldades, as quais alteravam de modo pendular uma tomada de posição perante o tema.

Tendo presente tal complexidade – e os riscos daí advindos – cabe salientar que este trabalho se circunscreve na exata medida que uma dissertação de mestrado pretende. Assim, a contribuição dada é no sentido de analisar a possibilidade de elaboração de "contratos de namoro". Este objetivo ganha sentido ante a insuficiência que demonstram tanto os escritos da doutrina favorável quanto os da contrária ao contrato de namoro. Pode-se dizer que, em sua maioria, os artigos científicos sobre esse tema se limitam a traçar apenas algumas nuances do assunto, negligenciando muitas vezes uma necessária fundamentação mais consistente sobre alguns. Ademais, como será visto, parcela majoritária da doutrina civilista tem assumido uma postura maniqueísta ante o assunto sob a alegação acrítica de que essas espécies de negócio jurídico seriam nulas por terem como intuito fraudar a lei. A partir de uma visão dialética,[1] demonstrar-se-á que este posicionamento é equivocado.

O passar do tempo entre a defesa da dissertação e sua publicação marcou a pertinência e a atualidade do trabalho apresentado. A ausência de pesquisa semelhante, com premissas sociais e filosóficas, reforça a decisão tomada de oferecer ao público o trabalho com breves atualizações, apenas. Cabe registrar, por outro lado, que o problema

1 Nesse sentido: "Falando de uma maneira bem simples, uma coisa é um advogado elaborando um parecer, como já disse. Outra coisa é um acadêmico sustentando uma tese. No primeiro caso, a primeira lealdade do parecerista é para com o interesse do seu cliente; já a primeira lealdade do mestrando ou doutorando deverá ser para com a verdade. Por mais que esta seja uma noção problemática, não podemos liminarmente descartá-la. Como as dificuldades em abstrato são melhor resolvidas no terreno do concreto, nada melhor do que trabalhar com um exemplo. Nesse caso, escolho o que dei mais atrás sobre a constitucionalidade de uma lei promulgada antes da Constituição de 1988. A um parecerista que esteja interessado em demonstrar a inconstitucionalidade dessa lei, certamente não ocorrerá citar decisões judiciais que afirmem o contrário. Só citará a jurisprudência a seu favor. Já um trabalho acadêmico que faça jus a esse epíteto, terá de sopesar as várias posições. Não poderá, por exemplo, 'esquecer' a jurisprudência que infirme a sua tese, sob pena justamente de estar desrespeitando a neutralidade axiológica [...]" (OLIVEIRA, Luciano. *Não fale do Código de Hamurábi!* A pesquisa sócio-jurídica na pós-graduação em direito. Disponível em: http://www.esmape.com.br/downloads/Luciano_Oliveira_Nao_fale_do_codigo_de_Hamurabi.rtf. Acesso em: 23 set. 2010).

contemporâneo sobre os contratos de namoro não é nada diferente do final da década passada. Ao contrário, a relevância do assunto cresceu, na mesma medida em que o instituto da união estável (especialmente a união estável fática) se tornou mais e mais comum.[2]

Diante disso, o livro apresenta a seguinte estrutura. Abordar-se-á, primeiramente, o conceito de amor líquido, cunhado pelo sociólogo Zygmunt Bauman. Em seguida, ver-se-ão os contornos da doutrina do direito de família mínimo, a qual dá especial relevo ao princípio da autonomia privada quando exercido na seara conjugal. Por fim, serão analisados os limites e as possibilidades do contrato de namoro, levando em consideração as discussões travadas nas esferas doutrinária e jurisprudencial.[3]

Pretendeu-se evitar certos "lugares-comuns" observados na maioria das dissertações jurídicas. Assim, não há qualquer apêndice exaustivo que trate de assuntos que apenas tangenciam o tema em análise (e não guardam uma concatenação lógica estritamente necessária).[4] Do mesmo modo, afastar-se-á qualquer digressão historicista[5] sobre conceitos abordados ou sobre o transcurso da família.[6]

---

[2] O tema foi examinado pela autora em sua tese de doutorado: XAVIER, Marília Pedroso. *União estável, íntegra e coerente*. 2015. Tese (Doutorado) – Universidade de São Paulo, São Paulo, 2015.

[3] Impende ressaltar que jurisprudência e doutrina são, ao lado da lei, fontes formais de direito (FACHIN, Luiz Edson. *A "reconstitucionalização" do direito civil brasileiro*: lei nova e velhos problemas à luz de dez desafios. Disponível em: http://www.unibrasil.com.br/revista_on_line/artigo%2022.pdf. Acesso em: 7 set. 2010).

[4] Como ensina o epigrama: "conciso? com siso/prolixo? pro lixo" (PAES, José Paulo. *Melhores poemas de José Paulo Paes*. Seleção Davi Arrigucci Jr. 5. ed. São Paulo: Global, 2003).

[5] STAUT, Sérgio Said. Algumas precauções metodológicas para o estudo do direito civil. *In*: CANEZIN, Claudete. *Arte jurídica*. Curitiba: Juruá, 2005. p. 299-316.

[6] Pode-se afirmar que boa parte da bibliografia consultada segue idêntico raciocínio: faz todo o percurso histórico exaustivo da família, contrapondo os valores do Código Civil de 1916 e os que informam a família na atualidade. Isso tudo para concluir pela elevação que foi conferida ao afeto, e, consequentemente, defender a reparação da sua falta. Cite-se apenas um autor, como exemplo: COSTA, Maria Isabel Pereira da. Família: do autoritarismo ao afeto – Como e a quem deve indenizar a omissão do afeto? *Revista Brasileira de Direito de Família*, Porto Alegre, v. 7, n. 32, p. 20-39, out./nov. 2005.

A CONFIGURAÇÃO DA ATUAL SOCIEDADE LÍQUIDO-MODERNA: O AMOR LÍQUIDO

1.1 Modernidade, sociedade e vida líquida: em busca de uma radiografia do cenário contemporâneo a partir da obra de Zygmunt Bauman

A cultura do sacrifício está morta.
Deixamos de nos reconhecer na obrigação de viver em nome de qualquer coisa que não nós mesmos.
(Zygmunt Bauman)

A presente obra tem como escopo problematizar uma nova modalidade contratual atípica que vem sendo pactuada em razão de certas necessidades que emergem da atualidade.

É certo que o assim chamado "contrato de namoro" precisa ser entendido como algo sintomático do tempo presente. Desse modo, o primeiro capítulo deste livro será dedicado à compreensão da configuração hodierna da época em que "nossas vidas estão sendo escritas".[7]

O caminho eleito para essa tarefa é a teoria da "modernidade líquida",[8] elaborada pelo sociólogo Zygmunt Bauman. Bauman faleceu em 2017 e deixou um legado basilar e inestimável para o entendimento das relações humanas e sociais.

---

7 BAUMAN, Zygmunt. *Legisladores e intérpretes*: sobre modernidade, pós-modernidade e intelectuais. Tradução de Renato Aguiar. Rio de Janeiro: Zahar, 2010. p. 13.

8 BAUMAN, Zygmunt. *Modernidade líquida*. Tradução de Plínio Dentzien. Rio de Janeiro: Zahar, 2001.

Impende ressaltar que o conceito de "liquidez" assume papel de norte desta obra. Essa é a "visão de mundo" que se pretende apresentar: a ressignificação provocada em todo o tecido social contemporâneo, o que redundará na alteração do modo como os laços afetivos são firmados.

A fim de evitar equívocos, cabe salientar que, ao consultar algumas obras de Bauman, é possível perceber que o autor se insere na tradição pós-moderna.[9] No entanto, esse era um posicionamento inicial, notoriamente assumido, porém abandonado uma década atrás. E, tendo em vista que a tradução para a língua portuguesa de *Legisladores e intérpretes* – livro embasado no viés pós-moderno – ocorreu apenas em 2010, faz-se necessário reforçar que houve o abandono da "modernidade sem ilusões" (pós-modernidade) em favor da ideia de "liquidez".[10]

Conforme descrito pelo sociólogo, sua opção pela modernidade líquida seguiu a trajetória prevista por Thomas Kuhn, no sentido de mudança paradigmática.[11] Ao estudar as características da vida moderna,[12] Bauman concluiu que havia tantas exceções a ponto de elas terem se tornado a própria regra: "Se a vida moderna era de fato como a teoria aceita da modernidade me ensinara, então o que eu descobri sobre a realidade atual não era mais a 'modernidade', e sim outra coisa. Mas o quê?".[13]

Em um primeiro momento, o autor entendeu que a resposta correta seria a "pós-modernidade".[14] Entretanto, rejeitou esta explicação

---

9 BAUMAN, Zygmunt. *O mal-estar na pós-modernidade*. Tradução de Mauro Gama e Cláudia Martinelli Gama. Rio de Janeiro: Zahar, 1998 e BAUMAN, Zygmunt. *Legisladores e intérpretes*: sobre modernidade, pós-modernidade e intelectuais. Tradução de Renato Aguiar. Rio de Janeiro: Zahar, 2010.

10 BAUMAN, Zygmunt. *Vida a crédito*: conversas com Citali Rovirosa-Madrazo. Tradução de Alexandre Werneck. Rio de Janeiro: Zahar, 2010. p. 18.

11 KUHN, Thomas S. *A estrutura das revoluções científicas*. Tradução de Beatriz Vianna Boeira e Nelson Boeira. 9. ed. São Paulo: Perspectiva, 2006.

12 "Nessa perspectiva, a modernidade pode ser caracterizada por uma descontinuidade temporal e uma ruptura no que diz respeito à tradição. A visão teocêntrica do mundo foi suplantada pelo triunfo da racionalidade instrumental. Instaurou-se, então, a concepção antropocêntrica, em que Deus perdia sua centralidade, dando lugar ao homem, instrumentalizado pela ciência" (SEVERIANO, Maria de Fátima Vieira; ESTRAMIANA, José Luis Álvaro. *Consumo, narcisismos e identidades contemporâneas*: uma análise psicossocial. Rio de Janeiro: EdUERJ, 2006. p. 23).

13 BAUMAN, Zygmunt. *Legisladores e intérpretes*: sobre modernidade, pós-modernidade e intelectuais. Tradução de Renato Aguiar. Rio de Janeiro: Zahar, 2010. p. 10.

14 "De um modo geral, o termo pós-modernidade sugere a mudança de uma época para outra, implicando uma interrupção da era moderna e o surgimento de uma nova totalidade social, com seus princípios organizadores próprios e distintos" (SEVERIANO, Maria de Fátima Vieira; ESTRAMIANA, José Luis Álvaro. *Consumo, narcisismos e identidades contemporâneas*: uma análise psicossocial. Rio de Janeiro: EdUERJ, 2006. p. 37-38).

após identificar nela três deficiências: (i) o caráter puramente negativo dessa perspectiva, que se limita a apontar diferenças em relação à modernidade; (ii) a indicação de um fim da modernidade, quando, em grande medida, ainda se vive muito da modernidade; (iii) a escassez de informações sobre essa nova forma de vida.[15]

Aquilo que fora chamado de pós-modernidade, "na falta de nome melhor",[16] significava um rompimento com a época moderna, em que se tinha uma sociedade estável e solidamente enraizada.[17] Observa-se, então, a existência de um novo modo de viver, baseado "no pressuposto de que a contingência, a incerteza e a imprevisibilidade estão aqui para ficar":[18] Se o "fundir a fim de solidificar" era o paradigma adequado para a compreensão da modernidade em seu estágio anterior, a "perpétua conversão em líquido" é o paradigma estabelecido para alcançar e compreender os tempos mais recentes.[19]

Conforme explica a jornalista mexicana Citlali Rovirosa-Madrazo, a noção inovadora de liquidez é uma metáfora utilizada para "descrever as transformações sociais e políticas entre o meio e o fim do século XX, representadas pela desintegração, ou 'liquefação', das instituições da modernidade".[20] Ocorre que comunidades, identidades e instituições estão "cada vez mais precárias e fugazes, dando lugar a 'identidades líquidas' num mundo no qual o declínio do Estado e a diluição das fronteiras nacionais são irreversíveis".[21]

A opção de Bauman pelo termo "líquido" se justifica pelas características próprias desse estado físico. Enquanto os sólidos possuem dimensões espaciais bem delineadas, sendo moldados com ânimo de definitividade,[22] os líquidos são identificados pela sua fluidez, não

---

15 BAUMAN, Zygmunt. *Legisladores e intérpretes*: sobre modernidade, pós-modernidade e intelectuais. Tradução de Renato Aguiar. Rio de Janeiro: Zahar, 2010. p. 10-11.

16 BAUMAN, Zygmunt. *Legisladores e intérpretes*: sobre modernidade, pós-modernidade e intelectuais. Tradução de Renato Aguiar. Rio de Janeiro: Zahar, 2010. p. 12.

17 BAUMAN, Zygmunt. *Legisladores e intérpretes*: sobre modernidade, pós-modernidade e intelectuais. Tradução de Renato Aguiar. Rio de Janeiro: Zahar, 2010. p. 12.

18 BAUMAN, Zygmunt. *Legisladores e intérpretes*: sobre modernidade, pós-modernidade e intelectuais. Tradução de Renato Aguiar. Rio de Janeiro: Zahar, 2010. p. 13.

19 BAUMAN, Zygmunt. *Legisladores e intérpretes*: sobre modernidade, pós-modernidade e intelectuais. Tradução de Renato Aguiar. Rio de Janeiro: Zahar, 2010. p. 13.

20 BAUMAN, Zygmunt. *Vida a crédito*: conversas com Citali Rovirosa-Madrazo. Tradução de Alexandre Werneck. Rio de Janeiro: Zahar, 2010. p. 14-15.

21 BAUMAN, Zygmunt. *Vida a crédito*: conversas com Citali Rovirosa-Madrazo. Tradução de Alexandre Werneck. Rio de Janeiro: Zahar, 2010. p. 15.

22 BAUMAN, Zygmunt. *Modernidade líquida*. Tradução de Plínio Dentzien. Rio de Janeiro: Zahar, 2001. p. 8.

conseguindo manter uma forma fixa por muito tempo[23] e estando sempre predispostos a alterá-la.[24] Uma substância líquida, em última instância, adquirirá o formato do recipiente em que estiver inserida.

E é assim que o presente estágio da era moderna,[25] explicitado pelo conceito axial de modernidade líquida,[26] dá ensejo à "vida líquida":

> A "vida líquida" é uma forma de vida que tende a ser levada à frente numa sociedade líquido-moderna. "Líquido-moderna" é uma sociedade em que as condições sob as quais agem seus membros mudam num tempo mais curto do que aquele necessário para a consolidação, em hábitos e rotinas, das formas de agir. A liquidez da vida e da sociedade se alimentam e se revigoram mutuamente. A vida líquida, assim como a sociedade líquido-moderna, não pode manter a forma ou permanecer em seu curso por muito tempo.[27]

Em outras palavras, a vida líquida é precária, marcada por incertezas perenes.[28] Considerando que é encenada em um mundo de revolução permanente,[29] não se pode simplesmente ficar parado: ou o indivíduo moderniza-se ou perecerá.[30] A vida líquida também é "constante autoexame, autocrítica e autocensura".[31] Sua arte representa "aquiescência à desorientação, imunidade à vertigem, adaptação, ao estado de tontura, tolerância com a falta de itinerário e direção e com a duração indefinida da viagem".[32]

---

[23] BAUMAN, Zygmunt. *Modernidade líquida*. Tradução de Plínio Dentzien. Rio de Janeiro: Zahar, 2001. p. 14.

[24] BAUMAN, Zygmunt. *Modernidade líquida*. Tradução de Plínio Dentzien. Rio de Janeiro: Zahar, 2001. p. 8.

[25] BAUMAN, Zygmunt. *Modernidade líquida*. Tradução de Plínio Dentzien. Rio de Janeiro: Zahar, 2001. p. 7.

[26] BAUMAN, Zygmunt. *Legisladores e intérpretes*: sobre modernidade, pós-modernidade e intelectuais. Tradução de Renato Aguiar. Rio de Janeiro: Zahar, 2010. p. 7.

[27] BAUMAN, Zygmunt. *Vida líquida*. Tradução de Carlos Alberto Medeiros. Rio de Janeiro: Zahar, 2007. p. 7.

[28] BAUMAN, Zygmunt. *Vida líquida*. Tradução de Carlos Alberto Medeiros. Rio de Janeiro: Zahar, 2007. p. 8.

[29] BAUMAN, Zygmunt. *Vida líquida*. Tradução de Carlos Alberto Medeiros. Rio de Janeiro: Zahar, 2007. p. 87.

[30] BAUMAN, Zygmunt. *Vida líquida*. Tradução de Carlos Alberto Medeiros. Rio de Janeiro: Zahar, 2007. p. 9.

[31] BAUMAN, Zygmunt. *Vida líquida*. Tradução de Carlos Alberto Medeiros. Rio de Janeiro: Zahar, 2007. p. 19.

[32] BAUMAN, Zygmunt. *Vida líquida*. Tradução de Carlos Alberto Medeiros. Rio de Janeiro: Zahar, 2007. p. 10.

Na sociedade líquido-moderna, viver significa adentrar em uma grande sucessão de reinícios, já que nada tende a ser duradouro. As rupturas, rotineiras, tornam-se cada vez mais rápidas e indolores.[33]

As relações sociais viram sinônimo de ligações frouxas, compromissos que são revogáveis a qualquer momento.[34] Os relacionamentos amorosos, em especial, são tomados por uma grande ambivalência inconciliável: o desejo de ter um vínculo forte, intenso, porém extinguível sem deixar qualquer vestígio (quando se queira).[35]

Nesse sentido, uma leitura atenta da vasta obra de Bauman permite identificar inúmeras características que fazem da sociedade contemporânea uma sociedade dita líquido-moderna. É possível, por exemplo, estudar assuntos que *a priori* estariam completamente desconectados – como "globalização"[36] e "busca da felicidade"[37] – e concluir que eles são, ao mesmo tempo, fundamentos e consequências da fluidez dos tempos hodiernos. Desse modo, qualquer pretensão de esgotar a temática estaria fadada ao insucesso, dada a complexidade e sofisticação dessa ordem de ideias.

Observada tal premissa, optou-se por abordar, entre tantos, três pontos nevrálgicos que permeiam a vida líquida: (i) a configuração atual das relações de consumo, (ii) os novos contornos das relações de trabalho e, por fim, (iii) o sentimento de desconfiança que norteia as relações sociais.

A pertinência de aludir a tais pontos reside no fato de que eles têm o condão de explicar o porquê da fragilidade dos laços humanos de hoje. Desta fragilidade surge um "homem sem vínculos", individualista, que almeja usufruir da companhia do outro sem que isso lhe traga responsabilidades. Tudo isto faz com que, em última instância, um contrato de namoro seja algo extremamente oportuno e desejável.

---

33 BAUMAN, Zygmunt. *Vida líquida*. Tradução de Carlos Alberto Medeiros. Rio de Janeiro: Zahar, 2007. p. 8.

34 BAUMAN, Zygmunt. *Vida líquida*. Tradução de Carlos Alberto Medeiros. Rio de Janeiro: Zahar, 2007. p. 11.

35 BAUMAN, Zygmunt. *Vidas desperdiçadas*. Tradução de Carlos Alberto Medeiros. Rio de Janeiro: Zahar, 2005. p. 152-153.

36 BAUMAN, Zygmunt. *Globalização*: as consequências humanas. Tradução de Marcus Penchel. Rio de Janeiro: Zahar, 1999.

37 BAUMAN, Zygmunt. *A arte da vida*. Tradução de Carlos Alberto Medeiros. Rio de Janeiro: Zahar, 2009.

1.2 As relações de consumo na sociedade líquido-moderna

Sem qualquer receio de cometer excessos, é lícito dizer que as relações de consumo ocupam papel central na vida líquido-moderna. Afinal, nas palavras do próprio Bauman, "nossa sociedade é uma sociedade de consumo".[38]

Ressalte-se que, com isso, o autor não está simplesmente afirmando o óbvio: atualmente somos todos consumidores[39] ou, ainda, o consumo está em todo lugar. Em realidade, para além de saciar anseios de toda natureza, o ato de consumir passa a orientar a percepção e o tratamento das diferentes relações travadas no ambiente social.[40]

Assentado como pilar do tempo presente, o consumo é elevado à condição de verdadeira "política de vida".[41] Tudo passa a ser pensado, construído e remodelado a partir desse imperativo.

O cunho imperativo justifica-se pelo fato de que a sociedade de consumo não permite mediações. Não é possível, singelamente, optar entre aderir ou não. Isso já não pertence ao campo das escolhas possíveis, pois a sociedade em comento "promove, encoraja ou reforça a escolha de um estilo de vida e uma estratégia existencial consumistas, e rejeita todas as opções culturais alternativas".[42] Nesse sentido, cabe pontuar precisamente a diferença entre consumo e consumismo:

---

38 BAUMAN, Zygmunt. *Globalização*: as consequências humanas. Tradução de Marcus Penchel. Rio de Janeiro: Zahar, 1999. p. 87.

39 Na atualidade, pode-se afirmar que, em regra, não é possível viver sem consumir. Isso porque é justamente deste modo que se atende desde às necessidades mais inerentes à sobrevivência (água potável, alimentos, eletricidade, moradia, medicamentos) até às mais sofisticadas (vestuário, cultura, meios de locomoção). Para Bauman, "o fenômeno do consumo tem raízes tão antigas quanto os seres vivos – e com toda certeza é parte permanente e integral de todas as formas de vida conhecidas a partir de narrativas históricas e relatos etnográficos" (BAUMAN, Zygmunt. *Vida para consumo*: a transformação das pessoas em mercadorias. Tradução de Carlos Alberto Medeiros. Rio de Janeiro: Zahar, 2008. p. 37).

40 "Dizer 'sociedade de consumidores' é dizer mais, muito mais, do que apenas verbalizar a observação trivial de que, tendo considerado agradável o consumo, seus membros gastam a maior parte de seu tempo e de esforços tentando ampliar tais prazeres. É dizer, além disso, que a percepção e o tratamento de praticamente todas as partes do ambiente social e das ações que evocam e estruturam tendem a ser orientados pela 'síndrome consumista' de predisposições cognitivas e avaliativas" (BAUMAN, Zygmunt. *Vida líquida*. Tradução de Carlos Alberto Medeiros. Rio de Janeiro: Zahar, 2007. p. 109).

41 BAUMAN, Zygmunt. *Vida líquida*. Tradução de Carlos Alberto Medeiros. Rio de Janeiro: Zahar, 2007. p. 109.

42 BAUMAN, Zygmunt. *Vida para consumo*: a transformação das pessoas em mercadorias. Tradução de Carlos Alberto Medeiros. Rio de Janeiro: Zahar, 2008. p. 71.

> Pode-se dizer que o "consumismo" é um tipo de arranjo social resultante da reciclagem de vontades, desejos e anseios humanos rotineiros, permanentes e, por assim dizer, "neutros quanto ao regime", transformando-os na *principal força propulsora e operativa* da sociedade, uma força que coordena a reprodução sistêmica, a integração e a estratificação sociais, além da formação de indivíduos humanos, desempenhando ao mesmo tempo um papel importante nos processos de autoidentificação individual e de grupo, assim como na seleção e execução de políticas de vida individuais. [...] De maneira distinta do *consumo*, que é basicamente uma característica e uma ocupação dos seres humanos como indivíduos, o *consumismo* é um atributo da *sociedade*.[43]

Um exemplo emblemático da força dessa cultura de consumo como único desígnio factível é a coerção sofrida por crianças e adolescentes no perímetro escolar por conta da não utilização dos artigos da moda. Assustadoramente, constata-se que "o uso do tipo errado de tênis de ginástica tem sido ligado ao *bullying*".[44] [45]

Nota-se, então, que o consumo adquire o *status* de condição de pertencimento. Aquele que não se adequar aos padrões existentes será sumariamente excluído pelos demais, ficará abandonado à própria sorte.

Esse quadro é agravado porque hoje, além de pertencer, o indivíduo também precisa se sobressair para ter chances de lograr algum sucesso na vida. O isolamento voluntário, a discrição e o anonimato se tornam possibilidades remotas. Como bem disse a escritora australiana Germaine Greer, "há mais coisas na vida além da mídia, mas não muito... Na era da informação, invisibilidade é equivalente a morte".[46]

A boa notícia é que a porta de entrada está sempre aberta: basta consumir. Comprar os produtos corretos (roupas e acessórios) e adotar

---

43 BAUMAN, Zygmunt. *Vida para consumo*: a transformação das pessoas em mercadorias. Tradução de Carlos Alberto Medeiros. Rio de Janeiro: Zahar, 2008. p. 41.

44 "Bullying é uma situação que se caracteriza por agressões intencionais, verbais ou físicas, feitas de maneira repetitiva, por um ou mais alunos contra um ou mais colegas. O termo bullying tem origem na palavra inglesa *bully*, que significa valentão, brigão. Mesmo sem uma denominação em português, é entendido como ameaça, tirania, opressão, intimidação, humilhação e maltrato" (O QUE é bullying. *Revista Escola*. Disponível em: http://revistaescola.abril.com.br/crianca-e-adolescente/comportamento/bullying-escola-494973.shtml. Acesso em: 21 nov. 2010).

45 BAUMAN, Zygmunt; MAY, Tim. *Aprendendo a pensar com a sociologia*. Tradução de Alexandre Werneck. Rio de Janeiro: Zahar, 2010. p. 249.

46 BAUMAN, Zygmunt. *Vida para consumo*: a transformação das pessoas em mercadorias. Tradução de Carlos Alberto Medeiros. Rio de Janeiro: Zahar, 2008. p. 21.

as preferências (estéticas e culturais) disseminadas garante o ingresso no grupo.[47]

O consumo, portanto, é capaz de definir a inclusão e a exclusão dos cidadãos na sociedade. Paradoxalmente, ele representa, ao mesmo tempo, a danação e a salvação contemporâneas. É, em si, o problema e a solução para esse mesmo problema.

Resta claro que se está diante de uma realidade sem precedentes. E a sociedade de consumo, despida de qualquer ingenuidade, bem sabe a forma de se perpetuar. Tendo como grande projeto a satisfação dos desejos humanos em um grau que "nenhuma sociedade do passado pôde realizar ou sonhar",[48] sabiamente forjou um cenário em que essa promessa de satisfação "só permanecerá sedutora enquanto o desejo continuar irrealizado; o que é mais importante, enquanto houver uma suspeita de que o desejo não foi plena e totalmente satisfeito".[49]

O que se está a dizer é que a ânsia de reiteradamente comprar é infindável. Isso porque o móvel principal de consumir deixa de ser a mercadoria (o bem propriamente adquirido). Em seu lugar toma assento o desejo, a vontade de obter e colecionar. Ou seja, a prazerosa sensação de ter algo novo em mãos torna-se um fim em si mesmo. Daí pensar os consumidores como "colecionadores de coisas apenas num sentido secundário e derivativo".[50]

O desvirtuamento ocorrido entre "meios" e "fins" produz consequências significativas, influenciando uma série de comportamentos humanos que não apenas as trocas econômicas. Estudar-se-ão, em seguida, três importantes impactos trazidos justamente pelas relações de consumo, a saber: (i) a alteração da noção de tempo nas condutas humanas; (ii) a noção de descartabilidade gerada pelo consumo desenfreado; (iii) a produção exacerbada de lixo e de refugos que reifica o homem.

---

[47] "Uma sociedade em que se adaptar aos preceitos da cultura de consumo e segui-los estritamente é, para todos os fins e propósitos práticos, a única escolha aprovada de maneira incondicional. Uma escolha viável e, portanto, plausível – e uma condição de afiliação" (BAUMAN, Zygmunt. *Vida para consumo*: a transformação das pessoas em mercadorias. Tradução de Carlos Alberto Medeiros. Rio de Janeiro: Zahar, 2008. p. 71).

[48] BAUMAN, Zygmunt. *Vida líquida*. Tradução de Carlos Alberto Medeiros. Rio de Janeiro: Zahar, 2007. p. 106.

[49] BAUMAN, Zygmunt. *Vida líquida*. Tradução de Carlos Alberto Medeiros. Rio de Janeiro: Zahar, 2007. p. 106.

[50] BAUMAN, Zygmunt. *Globalização*: as consequências humanas. Tradução de Marcus Penchel. Rio de Janeiro: Zahar, 1999. p. 91.

1.2.1 A alteração da noção de tempo nas condutas humanas

Uma rápida conversa sobre o período de infância dos atuais pais e avós da nossa sociedade pode revelar uma das nuances mais importantes dos desdobramentos trazidos pelo consumo. Não raro as pessoas mais velhas descrevem, com certa nostalgia, a época em que demoravam meses e meses – quando não anos – para ganhar o presente mais desejado, ou ainda, de quanto tiveram que economizar para conseguir guardar a quantia necessária para comprar determinado sonho de consumo.[51]

Havia nas décadas passadas uma mentalidade de "longo prazo".[52] Na seara patrimonial, tudo era mais estável, mais demorado. As mudanças, em regra, não eram tão radicais. As conquistas demandavam muita persistência e espírito de poupança.

O cenário hodierno, entretanto, é completamente diverso. Que criança aceitaria esperar pacientemente o correr de um ano inteiro para ganhar o brinquedo que tanto deseja? É certo que, depois desse tempo, nem mesmo lembraria o que tanto pedira no ano anterior.

O mercado consumidor atual parece estar orientado por uma espécie de *carpe diem*.[53] A ideologia reinante é: "não deixe para amanhã o que você pode comprar hoje". Qual o sentido de esperar se tudo o que se deseja pode ser obtido imediatamente?

Há, conforme descrito, a passagem para uma mentalidade de "curto prazo". Mas cabe indagar de que maneira foi operada essa travessia. A resposta está em um pequeno e fino pedaço de plástico que cabe na palma da mão.

As compras, antigamente, eram feitas quase que exclusivamente à vista. O cliente deveria ir até o estabelecimento comercial após – e somente após – ter amealhado a quantia em dinheiro necessária para adquirir determinado produto. Hoje, relevante parcela das compras é feita na modalidade a prazo, viabilizada pelo instrumento chamado cartão de crédito. Ele permite algo surreal: comprar sem que ainda se tenha o montante equivalente ao preço da mercadoria.

---

51 Nesse sentido, consultar: VILLAS, Alberto. *O mundo acabou!* São Paulo: Globo, 2006.

52 BAUMAN, Zygmunt. *A sociedade individualizada*: vidas contadas e histórias vividas. Tradução de José Gradel. Rio de Janeiro: Zahar, 2008. p. 34.

53 BAUMAN, Zygmunt. *Medo líquido*. Tradução de Carlos Alberto Medeiros. Rio de Janeiro: Zahar, 2008. p. 16.

Segundo adverte Bauman, a introdução dos cartões de crédito no mercado financeiro veio acompanhada do seguinte *slogan* sedutor: "Não adie a realização do seu desejo. Você deseja alguma coisa, mas não ganha o suficiente para adquiri-la? Nos velhos tempos, felizmente passados e esquecidos, era preciso adiar a satisfação [...]".[54]

Em terras brasileiras, o uso do cartão se fez mais presente a partir da década de noventa, impulsionado pela adoção de um programa de estabilização econômica, o Plano Real, em 1994.[55]

Se a possibilidade de comprar algo antes mesmo de ter efetivamente a quantia necessária para tal não fosse uma ideia suficientemente atrativa, o uso do cartão de crédito tem sido potencializado pelo constante incentivo da mídia e dos próprios lojistas – vantagens no pagamento e programas de milhagens, por exemplo –, constituindo, por vezes, publicidade irresponsável. Assim, a tendência natural é que as compras a crédito aumentem cada vez mais.

É bem verdade que essa modalidade de compra apresenta vantagens nobres à sociedade. O crédito permite acesso e, em tese, poderia ser um instrumento a serviço da população carente. Em um país como o nosso, com cerca de 40 milhões de pessoas orbitando em volta da linha de pobreza multidimensional,[56] isso significaria a possibilidade de reduzir e eliminar privações.

Lamentavelmente, o que tem ocorrido é a concessão abusiva de crédito, que gerou um quadro dramático de superendividamento[57]

---

[54] BAUMAN, Zygmunt. *Capitalismo parasitário e outros temas contemporâneos*. Tradução de Eliana Aguiar. Rio de Janeiro: Zahar, 2010. p. 12.

[55] ASSOCIAÇÃO BRASILEIRA DE EMPRESAS DE CARTÕES DE CRÉDITO E SERVIÇOS – ABECS. *Quem somos*. Disponível em: http://www.abecs.Org.br/quemsomos_ historia.asp. Acesso em: 13 set. 2010.

[56] É multidimensionalmente pobre quem sofre privações em, pelo menos, 30% dos seguintes indicadores: nutrição e mortalidade infantil (saúde); anos de escolaridade e crianças matriculadas (educação); gás de cozinha, sanitários, água, eletricidade, pavimento e bens domésticos (padrões de vida) (PROGRAMA DAS NAÇÕES UNIDAS PARA O DESENVOLVIMENTO – PNUD. Disponível em: http://www.pnud.Org.br/pobreza_desigualdade/reportagens/index.php?id01=3597&lay=pde. Acesso em: 27 nov. 2010). Segundo os dados apresentados por Gustavo Tepedino e Anderson Schreiber, o Brasil apresenta cerca de 23 milhões de pessoas abaixo da linha da miséria, sendo que não possuem renda diária suficiente para a compra de alimentos na quantidade mínima exigida para a manutenção da vida. Além disso, os autores afirmam que 1% da população brasileira detém 53% dos recursos financeiros do país (TEPEDINO, Gustavo; SCHREIBER, Anderson. Minorias no direito civil brasileiro. *In*: FARIAS, Cristiano Chaves de (Coord.). *Temas atuais de direito e processo de família*: primeira série. Rio de Janeiro: Lumen Juris, 2004. p. 91-92).

[57] "Impossibilidade global de o devedor pessoa física, consumidor, leigo e de boa-fé, pagar as dívidas atuais e futuras de consumo (excluídas as dívidas como fisco, oriundas de delitos e

no mundo todo. As instituições financeiras fornecem a corda em que o próprio consumidor se enforca.[58] Como afirma Bauman, "vivemos a crédito: nenhuma geração passada foi tão endividada quanto a nossa – individual e coletivamente".[59]

Essa não é uma característica típica apenas dos países tidos como menos desenvolvidos. Para ilustrar, alude-se ao fato de que a Grã-Bretanha, em agosto de 2008, apresentava uma taxa de inadimplência dos consumidores tão elevada a ponto de ser maior que seu próprio Produto Interno Bruto (PIB). Em outras palavras, "as famílias britânicas têm dívidas num valor superior a tudo o que suas fábricas, fazendas e escritórios produzem".[60]

Mas e quando o consumidor não consegue pagar suas dívidas, haveria então o colapso do sistema financeiro? Não. A criatividade dos bancos é realmente assombrosa. Eles oferecem mais crédito para que os indivíduos paguem os débitos antigos e contraiam novos. Bauman enfatiza que diferentemente do que um raciocínio mais elementar indicaria, os bancos não esperam que seus clientes amortizem rigorosamente em dia suas pendências, pois são os juros cobrados mensalmente a maior fonte de lucro. Ou seja, "o cliente que paga prontamente o dinheiro que pediu emprestado é o pesadelo dos credores".[61]

Por todo o exposto, resta claro que os apelos consumistas são, atualmente, o novo canto da sereia. São anseios por vezes irresistíveis. Ainda mais levando em conta que, como já dito, não consumir pode não ser uma escolha possível, pois significa uma relação de exclusão, de não pertencimento.

Em tal contexto, a espera já não é mais necessária. Como visto, o cartão de crédito permite inverter a ordem dos fatores: "desfrute agora

---

de alimentos)" (MARQUES, Cláudia Lima; CAVALLAZZI, Rosângela Lunardelli. *Direitos do consumidor endividado*: superendividamento e crédito. São Paulo: RT, 2006. p. 256).

58 Para um estudo aprofundado do tema, consultar: CONRADO, Marcelo; XAVIER, Luciana. Proteção do consumidor endividado: o desequilíbrio entre o crédito e o consumo. *In*: CORTIANO JUNIOR, Eroulths *et al.* (Coord.). *Apontamentos críticos para o direito civil brasileiro contemporâneo*. Curitiba: Juruá, 2009. p. 279-292).

59 BAUMAN, Zygmunt. *Medo líquido*. Tradução de Carlos Alberto Medeiros. Rio de Janeiro: Zahar, 2008. p. 16.

60 BAUMAN, Zygmunt. *Capitalismo parasitário e outros temas contemporâneos*. Tradução de Eliana Aguiar. Rio de Janeiro: Zahar, 2010. p. 20.

61 BAUMAN, Zygmunt. *Capitalismo parasitário e outros temas contemporâneos*. Tradução de Eliana Aguiar. Rio de Janeiro: Zahar, 2010. p. 14.

e pague depois!". O indivíduo passa a obter suas mercadorias quando "*desejar*, não quando *ganhar* o suficiente para obtê-las".[62]

O consumismo líquido-moderno é marcado, principalmente, pela alteração do significado do vocábulo *tempo*,[63] pois o intervalo entre desejo e satisfação foi radicalmente encurtado.[64]

Isso produziu mudanças de comportamento não apenas no campo pragmático da vida. Houve também certos desdobramentos psicológicos na esfera do pensar e do sentir dos indivíduos.

Eis que na atualidade esperar por algo (ou até mesmo alguém) se torna insuportável. Como bem afirmou Stephen Bertman, vivemos uma cultura "agorista" (em inglês *nowist*), apressada.[65] Tudo deve ser urgente, "pronta-entrega". A impaciência domina a forma como reagimos.

Para Bauman, em nossa sociedade, "toda espera, toda procrastinação, todo atraso se transforma em estigma de inferioridade".[66] Quem pode mais não espera ou espera menos. E é o poder aquisitivo que definirá esse lapso.

Desse modo, na sociedade líquido-moderna a hierarquia social do indivíduo passa a ser avaliada não somente pelos bens materiais que possui, mas pela "capacidade de ter o que se deseja (o que quer que seja) *agora* – sem atraso".[67] Assim, "a espera é algo de que se deve envergonhar porque pode ser observada e tomada como prova de indolência ou baixo *status*, vista como sintoma de rejeição e sinal de exclusão".[68] Em síntese, "'agora' é a palavra-chave da estratégia de vida".[69]

---

62 BAUMAN, Zygmunt. *Capitalismo parasitário e outros temas contemporâneos*. Tradução de Eliana Aguiar. Rio de Janeiro: Zahar, 2010. p. 12.

63 BAUMAN, Zygmunt. *Vida para consumo*: a transformação das pessoas em mercadorias. Tradução de Carlos Alberto Medeiros. Rio de Janeiro: Zahar, 2008. p. 45.

64 BAUMAN, Zygmunt. *Vida para consumo*: a transformação das pessoas em mercadorias. Tradução de Carlos Alberto Medeiros. Rio de Janeiro: Zahar, 2008. p. 111.

65 BAUMAN, Zygmunt. *Vida para consumo*: a transformação das pessoas em mercadorias. Tradução de Carlos Alberto Medeiros. Rio de Janeiro: Zahar, 2008. p. 45.

66 BAUMAN, Zygmunt. *Vidas desperdiçadas*. Tradução de Carlos Alberto Medeiros. Rio de Janeiro: Zahar, 2005. p. 129.

67 BAUMAN, Zygmunt. *Vidas desperdiçadas*. Tradução de Carlos Alberto Medeiros. Rio de Janeiro: Zahar, 2005. p. 129.

68 BAUMAN, Zygmunt. *Vidas desperdiçadas*. Tradução de Carlos Alberto Medeiros. Rio de Janeiro: Zahar, 2005. p. 135.

69 BAUMAN, Zygmunt. *A sociedade individualizada*: vidas contadas e histórias vividas. Tradução de José Gradel. Rio de Janeiro: Zahar, 2008. p. 198.

1.2.2 O sentido de descartabilidade gerado pelo consumo desenfreado

A "síndrome da impaciência"[70] que referimos é potencializada pelo senso de descartabilidade que domina a sociedade líquido-moderna. Mais do que comprar quando nem mesmo se tem o dinheiro necessário, a época de agora prega o consumo desenfreado. Como explica Bauman, "a necessária redução do tempo é melhor alcançada se os consumidores não puderem prestar atenção ou concentrar o desejo por muito tempo em qualquer objeto".[71]

O rápido esquecimento é o motor da máquina consumo.[72] O ritmo de compras dos indivíduos tem atingido uma magnitude tão elevada que começa a ser corriqueiro vermos objetos que ainda estão sendo usados perderem a sua utilidade, virando, por consequência, dispensáveis.

> Entre as maneiras com que o consumir enfrenta a insatisfação, a principal é descartar os objetos que a causam. A sociedade de consumidores desvaloriza a durabilidade, igualando "velho" a "defasado", impróprio para continuar sendo utilizado e destinado à lata de lixo. É pela alta taxa de desperdício, e pela decrescente distância temporal entre o brotar e o murchar do desejo, que o fetichismo do subjetivismo se mantém vivo e digno de crédito, apesar da interminável série de desapontamentos que ele causa. A sociedade de consumidores é impensável sem uma florescente indústria de remoção do lixo. Não se espera dos consumidores que jurem lealdade aos objetos que obtêm com a intenção de consumir.[73]

O uso efêmero das mercadorias, em regra, já é prática banalizada na realidade dos dias de hoje. Inventa-se uma gama de justificativas retóricas para que o consumidor convença a si próprio de que *precisa* adquirir determinado produto.[74] A própria moda – criando tendências

---

70 BAUMAN, Zygmunt. *Vidas desperdiçadas*. Tradução de Carlos Alberto Medeiros. Rio de Janeiro: Zahar, 2005. p. 134.

71 BAUMAN, Zygmunt. *Globalização*: as consequências humanas. Tradução de Marcus Penchel. Rio de Janeiro: Zahar, 1999. p. 90.

72 BAUMAN, Zygmunt. *Globalização*: as consequências humanas. Tradução de Marcus Penchel. Rio de Janeiro: Zahar, 1999. p. 90.

73 BAUMAN, Zygmunt. *Vida para consumo*: a transformação das pessoas em mercadorias. Tradução de Carlos Alberto Medeiros. Rio de Janeiro: Zahar, 2008. p. 31.

74 "Mesmo os mais ricos do mundo se queixam sobretudo de todas as coisas de que devem se privar... Mesmo os mais privilegiados são compelidos a carregar dentro de si a urgência de lutar para adquirir [...]" (BAUMAN, Zygmunt. *Globalização*: as consequências humanas. Tradução de Marcus Penchel. Rio de Janeiro: Zahar, 1999. p. 87).

e qualificando o que é *in* e o que é *out* – cumpre um importante papel de tornar obsoleto aquilo que foi lançado há pouquíssimo tempo. O risco está na seguinte constatação: "o que começa como necessidade deve terminar como compulsão ou vício".[75]

E com o ato de consumir sendo um fim em si mesmo, o consumismo não se pauta mais pela acumulação de objetos, mas pelo "gozo descartável".[76]

O sentido de descartabilidade é sustentado pela diminuição já mencionada entre desejo e satisfação. Mas impende esclarecer que a satisfação, na realidade, nunca será verdadeiramente alcançada. A angústia de consumir sentida pelo indivíduo da época líquido-moderna só pode ser saciada provisoriamente. Mas nunca por muito tempo. Até porque, se o objetivo é que "as expectativas se mantenham vivas e novas esperanças preencham de pronto o vácuo deixado pelas esperanças já desacreditadas e descartadas, o caminho da loja à lata de lixo deve ser encurtado".[77]

Assim como ocorreu com a noção de tempo, vista no tópico anterior, também o caráter "dispensável" das coisas acabou excedendo os limites da seara consumerista e passou a nortear comportamentos em várias outras esferas da vida.[78]

Nem mesmo os seres humanos são poupados dessa lógica perversa de dispensabilidade, pois, conforme será analisado a seguir, chega-se ao ponto de eles próprios serem considerados como descartáveis.

---

75 BAUMAN, Zygmunt. *Vida líquida*. Tradução de Carlos Alberto Medeiros. Rio de Janeiro: Zahar, 2007. p. 107.

76 BAUMAN, Zygmunt. *Capitalismo parasitário e outros temas contemporâneos*. Tradução de Eliana Aguiar. Rio de Janeiro: Zahar, 2010. p. 42.

77 BAUMAN, Zygmunt. *Vida para consumo*: a transformação das pessoas em mercadorias. Tradução de Carlos Alberto Medeiros. Rio de Janeiro: Zahar, 2008. p. 65.

78 "Alguns anos atrás, na esperança de interromper uma maré montante que ainda se considerava apenas uma moda passageira, travou-se uma batalha sob o lema 'Um cachorro é para toda a vida, não apenas para o Natal', tentando evitar o abandono de animais indesejados no mês de janeiro, quando as crianças se viam saturadas pelo potencial de seus presentes natalinos para proporcionar prazer e começaram a se cansar das tarefas diárias exigidas de quem toma conta de um cachorro. Mas, como nos conta o estudo de Jeffries, uma firma americana altamente bem-sucedida, a Flexpetz, se preparava para abrir em outubro de 2007 uma filial londrina que 'possibilitaria aos clientes gastarem apenas algumas horas, ou alguns dias' com um de seus cães criados para aluguel, 'amáveis e plenamente treinados'" (BAUMAN, Zygmunt. *A arte da vida*. Tradução de Carlos Alberto Medeiros. Rio de Janeiro: Zahar, 2009. p. 25-26).

1.2.3 A produção exacerbada de lixo e de refugos

Ítalo Calvino[79] captou com exatidão, ao descrever uma de suas cidades invisíveis,[80] a relação existente entre a descartabilidade das coisas no atual paradigma de consumo e a produção de lixo e de refugos.[81] Em Leônia, tudo é refeito todos os dias: "a população acorda todas as manhãs em lençóis frescos, lava-se com sabonetes recém-tirados da embalagem, veste roupões novíssimos, extrai das mais avançadas geladeiras latas ainda intatas, escutando as últimas lenga-lengas do último modelo de rádio".[82]

A quantidade vertiginosa de mercadorias utilizadas se traduz em um expressivo contingente de expurgos que precisam ser removidos. A lógica aplicada é a de que o antigo, já utilizado, deve ser substituído pelo inédito, recém-adquirido. Desse modo, "a opulência de Leônia se mede pelas coisas que todos os dias são jogadas fora para dar lugar às novas".[83]

O processo de substituição é intenso a ponto de ser pertinente questionar se "a verdadeira paixão de Leônia é de fato, como dizem, o prazer das coisas novas e diferentes, e não o ato de expelir, de afastar de si, expurgar uma impureza recorrente".[84] E o mais interessante é que a exorbitância de itens descartados é diretamente proporcional ao acúmulo de novos artigos.[85]

De maneira similar, na atualidade, a criação de lixo – consequência direta de toda ação de consumo –[86] também se torna, comprovadamente, o produto mais abundante da sociedade líquido-moderna.[87]

---

79 BAUMAN, Zygmunt. *Vidas desperdiçadas*. Tradução de Carlos Alberto Medeiros. Rio de Janeiro: Zahar, 2005. p. 7-10; BAUMAN, Zygmunt. *Modernidade e holocausto*. Tradução de Marcus Penchel. Rio de Janeiro: Zahar, 1998. p. 76.

80 CALVINO, Ítalo. *As cidades invisíveis*. Tradução de Diogo Mainardi. São Paulo: Companhia das Letras, 1990. p. 105-107.

81 "O refugo é o segredo sombrio e vergonhoso de toda produção" (BAUMAN, Zygmunt. *Vidas desperdiçadas*. Tradução de Carlos Alberto Medeiros. Rio de Janeiro: Zahar, 2005. p. 38).

82 CALVINO, Ítalo. *As cidades invisíveis*. Tradução de Diogo Mainardi. São Paulo: Companhia das Letras, 1990. p. 105.

83 CALVINO, Ítalo. *As cidades invisíveis*. Tradução de Diogo Mainardi. São Paulo: Companhia das Letras, 1990. p. 105.

84 CALVINO, Ítalo. *As cidades invisíveis*. Tradução de Diogo Mainardi. São Paulo: Companhia das Letras, 1990. p. 105.

85 CALVINO, Ítalo. *As cidades invisíveis*. Tradução de Diogo Mainardi. São Paulo: Companhia das Letras, 1990. p. 107.

86 BAUMAN, Zygmunt. *Vida líquida*. Tradução de Carlos Alberto Medeiros. Rio de Janeiro: Zahar, 2007. p. 117.

Ao lado do lixo, o sistema capitalista enseja a produção de refugos humanos; em outras palavras, "de seres humanos refugados (os 'excessivos' e 'redundantes', ou seja, os que não puderam ou não quiseram ser reconhecidos ou obter permissão para ficar)".[88]

O refugo é produto inevitável do sistema capitalista parasitário[89] com vistas à *construção da ordem* e do *progresso econômico.*[90] Integram essa categoria imigrantes ilegais, refugiados, desempregados, enfim, todo tipo de seres marginalizados e excluídos da sociedade. Trata-se de um conjunto de pessoas que, na atual conjuntura, são consideradas excessivas e, portanto, passíveis de descarte.

A melhor tentativa de conceituação pode ser alcançada por meio de um aporte na obra de Giorgio Agamben, mais especificamente na figura do *homo sacer*,[91] portador de uma vida nua.[92] Segundo Bauman,[93] esse modelo ideal-típico de pessoa excluída faz alusão a uma vida inútil, que, segundo o direito romano, poderia ser tirada sem que isso fosse crime ou sacrilégio. E, justamente por ser tão desprovida de valor, essa vida não podia nem mesmo servir como oferenda em um sacrifício religioso.[94]

Em sua versão contemporânea, o *homo sacer* seria definido como o ser que não está sob o manto de proteção das leis positivas nem dos direitos humanos concebidos antes das normas jurídicas.[95] Ele representa

---

87 BAUMAN, Zygmunt. *Vida líquida*. Tradução de Carlos Alberto Medeiros. Rio de Janeiro: Zahar, 2007. p. 17.

88 BAUMAN, Zygmunt. *Vidas desperdiçadas*. Tradução de Carlos Alberto Medeiros. Rio de Janeiro: Zahar, 2005. p. 12.

89 BAUMAN, Zygmunt. *Capitalismo parasitário e outros temas contemporâneos*. Tradução de Eliana Aguiar. Rio de Janeiro: Zahar, 2010.

90 BAUMAN, Zygmunt. *Vidas desperdiçadas*. Tradução de Carlos Alberto Medeiros. Rio de Janeiro: Zahar, 2005. p. 12.

91 "[...] visto que qualquer um pode matá-lo sem cometer homicídio, a sua inteira existência é reduzida a uma vida nua desprovida de todo direito" (AGAMBEN, Giorgio. *Homo sacer*: poder soberano e vida nua I. Tradução de Henrique Burigo. Belo Horizonte: Editora UFMG, 2002. p. 189).

92 "Protagonista deste livro é a vida nua, isto é, a vida *matável e insacrificável* do *homo sacer*" (AGAMBEN, Giorgio. *Homo sacer*: poder soberano e vida nua I. Tradução de Henrique Burigo. Belo Horizonte: Editora UFMG, 2002. p. 16).

93 "O homo sacer é a principal categoria de refugo humano estabelecida no curso da moderna produção de domínios soberanos ordeiros" (BAUMAN, Zygmunt. *Vidas desperdiçadas*. Tradução de Carlos Alberto Medeiros. Rio de Janeiro: Zahar, 2005. p. 44).

94 BAUMAN, Zygmunt. *Vidas desperdiçadas*. Tradução de Carlos Alberto Medeiros. Rio de Janeiro: Zahar, 2005. p. 44.

95 BAUMAN, Zygmunt. *Vidas desperdiçadas*. Tradução de Carlos Alberto Medeiros. Rio de Janeiro: Zahar, 2005. p. 44.

o antônimo do cidadão. Enquanto este pertence e é um produto útil e legítimo, aquele é excluído e constitui nada mais que refugo.[96]

Tais "sobras" não são mais desejadas porque não apresentam potencialidades mínimas de obtenção de ganhos e vantagens para o sistema. Por serem praticamente destituídos de poder aquisitivo, não dão azo, em tese, à manutenção do consumo, por exemplo. Em uma perspectiva puramente utilitarista, representam mais ônus que bônus.

Algo que agrava, ainda mais, esse panorama é o fato de que o planeta se encontra cheio.[97] O diagnóstico disso é a ocorrência de uma "crise aguda da indústria de remoção de refugo humano".[98] O lixo acumulado necessita de mais locais para depósito.

Da mesma forma que se passa com os leonenses descritos por Calvino, há no mundo de hoje uma alienação intencional em relação ao que é feito com os objetos que são todos os dias descartados.[99] Trata-se de uma atitude comodista, em que "ninguém se pergunta para onde os lixeiros levam os seus carregamentos".[100]

Atualmente, essa postura parece ser particularmente desafiadora. O contingente de lixo produzido tem causado problemas de todas as ordens, sendo, portanto, um assunto que está reiteradamente na ordem do dia, habitando inclusive os liames do senso comum. Nada obstante, dar ares de invisibilidade a esse processo oferece a conveniente vantagem de não conferir direitos e garantias, acentuando a hegemonia dos que estão no poder, tão cara aos nossos tempos. Assim, vale destacar que a pobreza "não pode ser 'curada', pois não é um sintoma da doença do capitalismo. Bem ao contrário: é uma evidência de sua saúde e robustez, do seu ímpeto para uma acumulação e esforço sempre maiores [...]".[101]

---

96 BAUMAN, Zygmunt. *Vidas desperdiçadas*. Tradução de Carlos Alberto Medeiros. Rio de Janeiro: Zahar, 2005. p. 45.

97 BAUMAN, Zygmunt. *Tempos líquidos*. Tradução de Carlos Alberto Medeiros. Rio de Janeiro: Zahar, 2007. p. 60.

98 BAUMAN, Zygmunt. *Vidas desperdiçadas*. Tradução de Carlos Alberto Medeiros. Rio de Janeiro: Zahar, 2005. p. 13.

99 "[...] uma vez que as coisas são jogadas fora, ninguém mais quer pensar nelas" (CALVINO, Ítalo. *As cidades invisíveis*. Tradução de Diogo Mainardi. São Paulo: Companhia das Letras, 1990. p. 105).

100 CALVINO, Ítalo. *As cidades invisíveis*. Tradução de Diogo Mainardi. São Paulo: Companhia das Letras, 1990. p. 106.

101 BAUMAN, Zygmunt. *Globalização*: as consequências humanas. Tradução de Marcus Penchel. Rio de Janeiro: Zahar, 1999. p. 87. Ainda: "[...] os ricos tendem a se tornar ainda mais ricos, desfrutando as oportunidades disponibilizadas pela ampliação dos mercados, enquanto os mais pobres afundam na miséria, destituídos de sistema de proteção social" (BAUMAN,

Os espaços geográficos que compõem as cidades apresentam lugares que servem como depósitos de lixo e de refugo. Trata-se de áreas periféricas, que nenhum cidadão realmente deseja habitar. Assim, são relegadas aos marginalizados. A estes, na impossibilidade de melhor sorte, cabe apenas aceitar a condição de ser morador de favelas, periferias e guetos, locais que combinam o confinamento espacial e o fechamento social.[102]

O fenômeno social descrito permeia a realidade de todas as nações, inclusive das mais abastadas. Os Estados Unidos da América, por exemplo, possuem guetos de exclusão racial. Conforme aponta o sociólogo francês Loïc Wacquant, nesses espaços os negros são descartados por integrarem um segmento da sociedade urbana considerado desonrado e perigoso.[103]

Diante dessa circunstância, a sociedade responde de maneira passiva e insensível. As pessoas não se chocam ao ver os necessitados implorando por esmolas nas ruas. De maneira idêntica aos habitantes de Leônia, simplesmente não queremos saber qual é o destino do lixo.

Para exprimir esse comportamento, Irving Goffman criou o termo "desatenção civil".[104] Segundo este autor, fingir que "não olhamos nem escutamos, ou assumir postura sugestiva de que não vemos, não ouvimos nem mesmo ligamos para o que os outros a nossa volta estão fazendo"[105] passou a ser uma das técnicas para viabilizar a convivência nas cidades.

Esta é a realidade brasileira: pródiga em minorias marginalizadas e com milhões de pessoas em situação de pobreza. Mas tamanha expressividade contrasta com a invisibilidade a que os refugos humanos são submetidos pela sociedade. À guisa de reflexão, toma-se emprestado o poema de Manuel Bandeira:

Zygmunt. Confiança e medo na cidade. Tradução de Eliana Aguiar. Rio de Janeiro: Zahar, 2009. p. 8).

102 BAUMAN, Zygmunt. *Comunidade*: a busca por segurança no mundo atual. Tradução de Plínio Dentzien. Rio de Janeiro: Zahar, 2003. p. 105.

103 BAUMAN, Zygmunt. *Vidas desperdiçadas*. Tradução de Carlos Alberto Medeiros. Rio de Janeiro: Zahar, 2005. p. 103.

104 BAUMAN, Zygmunt; MAY, Tim. *Aprendendo a pensar com a sociologia*. Tradução de Alexandre Werneck. Rio de Janeiro: Zahar, 2010. p. 69.

105 BAUMAN, Zygmunt; MAY, Tim. *Aprendendo a pensar com a sociologia*. Tradução de Alexandre Werneck. Rio de Janeiro: Zahar, 2010. p. 69.

Vi ontem um bicho
Na imundície do pátio
Catando comida entre os detritos.
Quando achava alguma coisa,
Não examinava nem cheirava:
Engolia com voracidade.
O bicho não era um cão,
Não era um gato,
Não era um rato.
O bicho, meu Deus, era um homem.[106]

As palavras chocantes do poeta são, em certa medida, benevolentes. Considerando o panorama hodierno, se em *O bicho* o ser humano é retratado em uma situação extrema que o desumaniza a ponto de ser confundido com um animal, tem-se hoje o homem reificado: este é tratado como um objeto, uma mercadoria. Quando perde sua utilidade, vira sinônimo de lixo. A inquietante pergunta feita por Primo Levi na época do nazismo parece atual: "é isto um homem?".[107]

1.2.4 Notas derradeiras sobre o consumo

A partir de um exercício de síntese, a modernidade líquida pode ser descrita como a "civilização do excesso, da superfluidade,

---

[106] BANDEIRA, Manuel. *Meus poemas preferidos*. Rio de Janeiro: Ediouro, 2001. p. 90.

[107] "É isto um homem? /Vocês que vivem seguros /Em suas cálidas casas, Vocês que, voltando à noite, /Encontram comida quente e rostos amigos, /Pensem bem se isto é um homem /Que trabalha no meio do barro, /Que não conhece paz, /Que luta por um pedaço de pão, /Que morre por um sim ou por um não. /Pensem bem se isto é uma mulher, /Sem cabelos e sem nome, /Sem mais força para lembrar, /Vazios os olhos, frio o ventre, /Como um sapo no inverno. /Pensem que isto aconteceu: /Eu lhes mando estas palavras. /Gravem-na em seus corações, /Estando em casa, andando na rua, /Ao deitar, ao levantar; /Repitam-na a seus filhos. /Ou, senão, desmorone-se a sua casa, /A doença os torne inválidos, /Os seus filhos virem o rosto para não vê-los" (LEVI, Primo. *É isto um homem?* Tradução de Luigi Del Re. Rio de Janeiro: Rocco, 1988. p. 9). Nessa toada, impossível não explicitar a figura do "muçulmano". Com o vocábulo "muçulmano", alude-se aos chamados "cadáveres-ambulantes", "homens-múmia" ou, ainda, "mortos-vivos" que habitavam os campos de concentração nazistas. É o conceito que exprime a situação-limite em que – devido à situação de desnutrição extrema e falta de condições básicas de sobrevivência – "o homem passa a ser não-homem" (AGAMBEN, Giorgio. *Homo sacer*: poder soberano e vida nua I. Tradução de Henrique Burigo. Belo Horizonte: Editora UFMG, 2002. p. 190-191; AGAMBEN, Giorgio. *O que resta de Auschwitz*: o arquivo e a testemunha (Homo Sacer III). Tradução de Selvino J. Assmann. São Paulo: Boitempo, 2008. p. 49; 54-55).

do refugo e da sua remoção".[108] É uma sociedade de consumo, vincada pela velocidade e pelo desperdício.[109]

O consumidor, grande protagonista, é uma pessoa que se encontra, permanentemente, em movimento.[110] Segue em busca da satisfação de seus desejos. O que ignora é que o desejo de consumir se tornou um fim em si mesmo, e, portanto, insaciável.

A vida líquida engendra um cenário dramático, no qual os próprios consumidores se transformam em mercadorias de consumo.[111] Qualquer tentativa de distinção é momentânea, efêmera e condicional, pois os papéis desempenhados pelo sujeito e pelo objeto "se interligam, se misturam e se fundem".[112] Há, então, uma verdadeira reificação do ser humano.[113]

Nas palavras de Bauman, "a mensagem, afinal, parece: somos feitos daquilo que compramos e possuímos. Diga-me o que compras (e por que compras e em que loja fazes tuas compras) e te direi quem és".[114] Ou seja, nossa sociedade lamentavelmente está centrada na valorização excessiva da dimensão do ter, da aparência, em detrimento do ser, da essência que caracteriza e torna único cada indivíduo.

1.3 Os novos contornos das relações de trabalho

As relações de trabalho não ficaram imunes às mudanças provocadas pelo advento da modernidade líquida. A maior transformação ocorrida foi o estabelecimento e a manutenção de vínculos frágeis e instáveis entre empregado e empregador. É bem verdade que "a vida

---

108 BAUMAN, Zygmunt. *Vidas desperdiçadas*. Tradução de Carlos Alberto Medeiros. Rio de Janeiro: Zahar, 2005. p. 120.

109 BAUMAN, Zygmunt. *Vida para consumo*: a transformação das pessoas em mercadorias. Tradução de Carlos Alberto Medeiros. Rio de Janeiro: Zahar, 2008. p. 111.

110 BAUMAN, Zygmunt. *Globalização*: as consequências humanas. Tradução de Marcus Penchel. Rio de Janeiro: Zahar, 1999. p. 93.

111 BAUMAN, Zygmunt. *Vida para consumo*: a transformação das pessoas em mercadorias. Tradução de Carlos Alberto Medeiros. Rio de Janeiro: Zahar, 2008. p. 76.

112 BAUMAN, Zygmunt. *Vida líquida*. Tradução de Carlos Alberto Medeiros. Rio de Janeiro: Zahar, 2007. p. 18.

113 Nesse sentido, colaciona-se a lição da jornalista Janina Bauman: "a coisa mais cruel da crueldade é que desumaniza suas vítimas antes de destruí-las. E a mais dura das lutas é continuar humano em condições inumanas" (BAUMAN, Zygmunt. *Modernidade e holocausto*. Tradução de Marcus Penchel. Rio de Janeiro: Zahar, 1998. p. 237).

114 BAUMAN, Zygmunt; MAY, Tim. *Aprendendo a pensar com a sociologia*. Tradução de Alexandre Werneck. Rio de Janeiro: Zahar, 2010. p. 247.

laboral tem sido cheia de incertezas desde tempos imemoriais; mas a incerteza de hoje é de um tipo surpreendentemente novo".[115]

Ocorreu a passagem de uma mentalidade de "longo prazo" para a de "curto prazo", de modo análogo ao que foi narrado na esfera consumerista.[116] Nos domínios laborais, havia uma expectativa, que na maior parte das vezes se concretizava, de que o trabalhador passaria relevante período – quando não a totalidade – de sua carreira no emprego em que ingressara, pois era comum observar pessoas que se aposentavam tendo trabalhado a vida inteira para o mesmo empregador.[117]

Hodiernamente, os dois polos da relação de trabalho não esperam que esta dure muito tempo.[118] A título de exemplo, segundo pesquisas, um jovem americano com nível médio de estudo estima trocar de emprego cerca de 11 vezes durante sua carreira.[119] Em tempos de fluidez, não há nenhuma vantagem em formar vínculos por demais longos ou perpétuos. Flexibilidade passa a ser a virtude mais cobiçada:

> Num mundo de desemprego estrutural, ninguém pode se sentir seguro. Não existem mais empregos garantidos em companhias poderosas; nem existem muitas habilidades e experiências que, uma vez adquiridas, garantam que um emprego será oferecido e, uma vez oferecido, duradouro. Ninguém pode assumir racionalmente que está protegido contra a próxima sessão de "redimensionamento", "achatamento" ou "racionalização", contra giros erráticos da demanda de mercado e pressões caprichosas, porém poderosas, por "competitividade" e "efetividade". "Flexibilidade" é a ordem do dia, pressagia empregos sem a segurança da titularidade embutida, com contrato sem prazo fixo e demissão sem aviso ou compensação.[120]

---

115 BAUMAN, Zygmunt. *A sociedade individualizada*: vidas contadas e histórias vividas. Tradução de José Gradel. Rio de Janeiro: Zahar, 2008. p. 36.

116 "De modo curioso, surpreendente, desconcertante, comprar a crédito é a única forma de compromisso a longo prazo que os habitantes do líquido mundo moderno não apenas toleram e defendem, mas assumem com satisfação" (BAUMAN, Zygmunt. *Vidas desperdiçadas*. Tradução de Carlos Alberto Medeiros. Rio de Janeiro: Zahar, 2005. p. 137). Para mais detalhes, ver item 1.1.2.

117 BAUMAN, Zygmunt. *A sociedade individualizada*: vidas contadas e histórias vividas. Tradução de José Gradel. Rio de Janeiro: Zahar, 2008. p. 34.

118 BAUMAN, Zygmunt. *A sociedade individualizada*: vidas contadas e histórias vividas. Tradução de José Gradel. Rio de Janeiro: Zahar, 2008. p. 35.

119 BAUMAN, Zygmunt. *Modernidade líquida*. Tradução de Plínio Dentzien. Rio de Janeiro: Zahar, 2001. p. 169.

120 BAUMAN, Zygmunt. *A sociedade individualizada*: vidas contadas e histórias vividas. Tradução de José Gradel. Rio de Janeiro: Zahar, 2008. p. 197.

Sendo as relações de agora mais efêmeras, estas, assim que estabelecidas, já trazem em seu bojo espécies de "cláusulas de desfazimento".[121] Em outras palavras, "a partir do momento em que nascem, os compromissos são vistos e tratados como refugo em potencial. A fragilidade é, portanto, vista como uma vantagem deles".[122]

Nessa ótica, o modelo de empregado ideal seria alguém sempre pronto para alterar estratégias e posturas, sem delongas ou arrependimentos, apto a buscar outras oportunidades mais interessantes.[123]

Ademais, deve ser alguém cujo grau de "chateação" seja zero (*zero drag*).[124] O termo cunhado nas imediações do Vale do Silício, Estados Unidos da América, significa que tal empregado deve ser uma pessoa sem "vínculos, compromissos ou ligações emocionais anteriores, e que evite estabelecê-los agora".[125] Não deve representar nenhum potencial de incômodo, estando preparado para toda tarefa que seja passada, "abraçando novas prioridades e abandonando as adquiridas anteriormente".[126]

O panorama que se tem é da fragilidade dos vínculos formados. Em um mundo imprevisível, os indivíduos podem ser assim descritos: "nômades espertos e inteligentes, viajam leves e não derramarão lágrimas por qualquer coisa que impeça seus movimentos".[127] Os que não conseguirem se inserir terão o lixo como destino certo.

Aqui, vale a ressalva de que, lamentavelmente, o desemprego tem se tornado algo cada vez menos transitório.[128] Tudo isso faz com que haja um senso de competitividade muito grande na sociedade:[129]

---

121 BAUMAN, Zygmunt. *Vidas desperdiçadas*. Tradução de Carlos Alberto Medeiros. Rio de Janeiro: Zahar, 2005. p. 115.

122 BAUMAN, Zygmunt. *Vidas desperdiçadas*. Tradução de Carlos Alberto Medeiros. Rio de Janeiro: Zahar, 2005. p. 115.

123 BAUMAN, Zygmunt. *Tempos líquidos*. Tradução de Carlos Alberto Medeiros. Rio de Janeiro: Zahar, 2007. p. 10.

124 BAUMAN, Zygmunt. *Vida para consumo*: a transformação das pessoas em mercadorias. Tradução de Carlos Alberto Medeiros. Rio de Janeiro: Zahar, 2008. p. 17.

125 BAUMAN, Zygmunt. *Vida para consumo*: a transformação das pessoas em mercadorias. Tradução de Carlos Alberto Medeiros. Rio de Janeiro: Zahar, 2008. p. 17.

126 BAUMAN, Zygmunt. *Vida para consumo*: a transformação das pessoas em mercadorias. Tradução de Carlos Alberto Medeiros. Rio de Janeiro: Zahar, 2008. p. 17.

127 BAUMAN, Zygmunt. *A sociedade individualizada*: vidas contadas e histórias vividas. Tradução de José Gradel. Rio de Janeiro: Zahar, 2008. p. 197.

128 BAUMAN, Zygmunt. *Confiança e medo na cidade*. Tradução de Eliana Aguiar. Rio de Janeiro: Zahar, 2009. p. 24-25; 82-83.

129 A competitividade permeia toda a vida líquida. Até mesmo nos programas que deveriam ser de mero entretenimento, os *reality shows*, identifica-se o individualismo levado às

> No local de onde eu escrevo – e acho que também em outros lugares, como o Brasil –, a competição está cada vez mais individualizada. Essa competição é guiada por uma preocupação crescente com a sobrevivência física – ou a satisfação das necessidades biológicas primárias que os instintos de sobrevivência impõem. E também pelo poder de escolha individual: decidir quais são os seus objetivos e que tipo de vida cada qual quer viver. Exercer esses direitos parece ser o "dever" de todos.[130]

É notório que as situações que envolvem competitividade trazem consigo atitudes individualistas. Afinal, somente um felizardo será ovacionado como o vencedor. Só há espaço para uma única pessoa ocupar o lugar mais alto do pódio. O medo de não estar entre os primeiros colocados gera uma postura de ansiedade e insegurança. E é aí que uma desconfiança generalizada passa a influir todas as ações dos cidadãos. Todos, em regra, são potenciais inimigos, adversários em uma luta pela sobrevivência.

1.4 O sentimento de desconfiança que norteia as relações sociais

A vida social contemporânea é marcada pelo sentimento de ansiedade perene.[131] Há o medo latente de tudo: desemprego, violência urbana, terrorismo,[132] catástrofes naturais, rejeição.[133] Essas ameaças abstratas geram insegurança e incerteza, que tomam conta do cidadão:

últimas consequências: "Todos nos contam a mesma história: que ninguém, a não ser uns poucos vencedores solitários, é realmente indispensável, que uma pessoa só é útil a outra enquanto puder ser explorada, que a lata de lixo, último destino dos excluídos, é o futuro natural daqueles que não mais se ajustam ou não desejam ser explorados dessa maneira, que sobrevivência é o nome do jogo da convivência humana, e que o derradeiro propósito da sobrevivência é sobreviver aos outros" (BAUMAN, Zygmunt. *Vidas desperdiçadas*. Tradução de Carlos Alberto Medeiros. Rio de Janeiro: Zahar, 2005. p. 161).

130 BAUMAN, Zygmunt. *Capitalismo parasitário e outros temas contemporâneos*. Tradução de Eliana Aguiar. Rio de Janeiro: Zahar, 2010. p. 77.

131 "O mundo contemporâneo é um recipiente cheio até a borda de medo e frustração à solta que buscam desesperadamente válvulas de escape" (BAUMAN, Zygmunt. *Em busca da política*. Tradução de Marcus Penchel. Rio de Janeiro: Zahar, 2000. p. 22).

132 "Enquanto escrevo estas palavras, ainda não houve uma resposta do Judiciário à tática de 'atirar para matar' adotada pela polícia metropolitana – a mesma que, em sua primeira aplicação, levou à morte do brasileiro Jean Charles de Menezes, cuja única culpa foi ter sido (falsamente) identificado pela polícia como potencial homem-bomba e que, ao contrário da explicação *a posteriori*, jamais fugiu da polícia nem pulou a roleta. Na verdade, hoje em dia é preciso se precaver em relação aos novos atentados terroristas. Mas também precisamos olhar com suspeita os guardiões da ordem que podem nos tomar (equivocadamente) por

> Os medos agora são difusos, eles se espalharam. É difícil definir e localizar as raízes desses medos, já que os sentimos, mas não os vemos. É isso que faz com que os medos contemporâneos sejam tão terrivelmente fortes, e os seus efeitos sejam tão difíceis de amenizar. Eles emanam virtualmente em todos os lugares.[134]

Considerando que os locais em que é possível se sentir seguro estão constantemente encolhendo,[135] faz-se necessária a construção de fronteiras com vistas a impedir que pessoas indesejadas e perigosas coexistam nesse mesmo espaço.[136]

O contingente de "gente supérflua",[137] isto é, pessoas que não oferecem perspectivas de serem exploradas de modo profícuo, precisa ser eliminado do tecido social urbano. Os refugos devem permanecer no lugar que lhes é próprio: os depósitos de lixo.

A partir da figura do refugiado – encarnação do "lixo humano" –[138] é possível exprimir a existência de uma crescente suspeita que assombra todas as nações. O refugiado é guiado pela vontade de obter melhores condições de vida, anseio que parece razoável e legítimo. Afinal, "o desejo dos famintos de ir para onde a comida é abundante é o que naturalmente se esperaria de seres humanos racionais".[139] No entanto, considerando que o mundo está cheio, eles são vistos como inimigos que carregam consigo as chagas do seu local de origem. Sua presença causa desconforto. Se fosse possível, as classes mais abastadas provavelmente

---

um portador dessa ameaça [...]" (BAUMAN, Zygmunt. *Medo líquido*. Tradução de Carlos Alberto Medeiros. Rio de Janeiro: Zahar, 2008. p. 197).

133 BAUMAN, Zygmunt. *Medo líquido*. Tradução de Carlos Alberto Medeiros. Rio de Janeiro: Zahar, 2008.

134 BAUMAN, Zygmunt. *Capitalismo parasitário e outros temas contemporâneos*. Tradução de Eliana Aguiar. Rio de Janeiro: Zahar, 2010. p. 73.

135 BAUMAN, Zygmunt; MAY, Tim. *Aprendendo a pensar com a sociologia*. Tradução de Alexandre Werneck. Rio de Janeiro: Zahar, 2010. p. 156.

136 BAUMAN, Zygmunt. *Confiança e medo na cidade*. Tradução de Eliana Aguiar. Rio de Janeiro: Zahar, 2009. p. 75-76.

137 BAUMAN, Zygmunt. *Confiança e medo na cidade*. Tradução de Eliana Aguiar. Rio de Janeiro: Zahar, 2009. p. 80.

138 "Os refugiados são a própria encarnação do 'lixo humano', sem função útil a desempenhar na terra em que chegam e permanecerão temporariamente, e sem a intenção ou esperança realista de serem assimilados e incluídos no novo corpo social" (BAUMAN, Zygmunt. *Tempos líquidos*. Tradução de Carlos Alberto Medeiros. Rio de Janeiro: Zahar, 2007. p. 47).

139 BAUMAN, Zygmunt. *Globalização*: as consequências humanas. Tradução de Marcus Penchel. Rio de Janeiro: Zahar, 1999. p. 84.

não hesitariam em eliminá-los em nome da própria sobrevivência.[140] Nesse sentido,

> A lição do Holocausto é a facilidade com que a maioria das pessoas, colocadas numa situação em que não existe boa escolha ou que a torna muito cara, arranja uma justificativa para escapar ao dever moral (ou não consegue aderir a ele), adotando em vez disso os preceitos do interesse racional e da autopreservação.[141]

Vive-se em um mundo competitivo e individualista, a ponto de que, se fossem removidos os elementos básicos da vida civilizada, em poucas horas ocorreria o retorno ao estado de natureza hobbesiano.[142]

A própria mídia tem cumprido um importante papel no sentido de incrementar desconfianças. Inúmeros potenciais infortúnios são veiculados de maneira sensacionalista. A título de reflexão, indaga-se, entre outras coisas: "Que computador foi danificado pelo sinistro '*bug* do milênio'? Quantas pessoas você conhece que foram vítimas dos ácaros de tapete? Quantos amigos seus morreram da doença da vaca louca?".[143]

O motivo dessa exploração demasiada é que o medo se torna um importante aliado na manutenção do mercado de consumo. Quando o medo líquido passa a nortear a rotina urbana, criam-se necessidades que precisam ser satisfeitas. Os que possuem condições financeiras residem em condomínios fechados – guetos voluntários[144] –, trafegam em "veículos militares esportivos" e têm como destino preferido os

---

[140] "Muitos, pessoas ou povos, podem chegar a pensar, consciente ou não, que 'cada estrangeiro é um inimigo'. Em geral, essa convicção jaz no fundo das almas como uma infecção latente; manifesta-se apenas em ações esporádicas e não coordenadas; não fica na origem de um sistema de pensamento. Quando isso acontece, porém, quando o dogma não enunciado se torna premissa maior de um silogismo, então, como último elo da corrente, está o Campo de Extermínio" (LEVI, Primo. *É isto um homem?* Tradução de Luigi Del Re. Rio de Janeiro: Rocco, 1988. p. 7).

[141] BAUMAN, Zygmunt. *Modernidade e holocausto*. Tradução de Marcus Penchel. Rio de Janeiro: Zahar, 1998. p. 236.

[142] A afirmação é de Timothy Garton Ash *apud* BAUMAN, Zygmunt. *Medo líquido*. Tradução de Carlos Alberto Medeiros. Rio de Janeiro: Zahar, 2008. p. 26.

[143] BAUMAN, Zygmunt. *Medo líquido*. Tradução de Carlos Alberto Medeiros. Rio de Janeiro: Zahar, 2008. p. 14.

[144] "Os nossos guetos *voluntários* – sim, voluntários – são resultado da vontade de defender a própria segurança procurando somente a companhia dos semelhantes e afastando os estrangeiros" (BAUMAN, Zygmunt. *Confiança e medo na cidade*. Tradução de Eliana Aguiar. Rio de Janeiro: Zahar, 2009. p. 85).

shopping centers.[145] Já os pobres recebem o *status* de anomalia social e são tratados como párias.[146]

Na era em que "a forte tendência a sentir medo e a obsessão maníaca por segurança fizeram a mais espetacular das carreiras",[147] a confiança é suplantada pela suspeita universal. Há uma crença de que todos os laços sejam frágeis, precários, duvidosos até prova em contrário.[148]

A vida, então, é marcada por antinomias e ambiguidades,[149] que não podem ser eliminadas facilmente.[150] Isso porque não é possível "encontrar soluções locais para contradições globais".[151]

Ao que tudo indica, esse cenário revela um caminho sem volta, o qual influencia todas as esferas da vida. Seria ingênuo imaginar que o amor ficaria incólume a tantas mudanças. É o que será analisado no próximo tópico.

1.5 Amor líquido

Nos tópicos anteriores, foram explicitadas características típicas da vida que se leva em uma sociedade líquido-moderna, tais como a configuração atual das relações de consumo, os novos contornos das relações de trabalho e o sentimento de desconfiança que norteia as relações sociais.

Constatou-se que o consumo foi alçado ao *status* de política de vida. O consequente afã de comprar em demasia alterou a noção de tempo nas condutas humanas. O consumidor parece ser guiado por uma espécie de *carpe diem*: não tolera esperar pela satisfação de seus desígnios. Com o advento do cartão de crédito, o intervalo entre desejo e

---

145 BAUMAN, Zygmunt. *Tempos líquidos*. Tradução de Carlos Alberto Medeiros. Rio de Janeiro: Zahar, 2007. p. 18.

146 BAUMAN, Zygmunt. *Comunidade*: a busca por segurança no mundo atual. Tradução de Plínio Dentzien. Rio de Janeiro: Zahar, 2003. p. 108.

147 BAUMAN, Zygmunt. *Confiança e medo na cidade*. Tradução de Eliana Aguiar. Rio de Janeiro: Zahar, 2009. p. 13.

148 BAUMAN, Zygmunt. *Vidas desperdiçadas*. Tradução de Carlos Alberto Medeiros. Rio de Janeiro: Zahar, 2005. p. 115.

149 BAUMAN, Zygmunt. *Vidas desperdiçadas*. Tradução de Carlos Alberto Medeiros. Rio de Janeiro: Zahar, 2005. p. 116.

150 BAUMAN, Zygmunt. *Tempos líquidos*. Tradução de Carlos Alberto Medeiros. Rio de Janeiro: Zahar, 2007. p. 32.

151 BAUMAN, Zygmunt. *Confiança e medo na cidade*. Tradução de Eliana Aguiar. Rio de Janeiro: Zahar, 2009. p. 37.

tempo é radicalmente encurtado. Tudo isso faz com que se viva segundo uma mentalidade de "curto prazo", tornando a modernidade líquida a era da cultura "agorista".

A "síndrome da impaciência", aliada à concessão exacerbada de crédito, fez com que o indivíduo simplesmente não mais aceitasse frustrações e adquirisse tudo o que quisesse. O imperativo de consumir se torna um fim em si mesmo, acelerando cada vez mais o descarte das mercadorias. Essa configuração social possui como produtos mais abundantes lixo e refugo. Até mesmo seres humanos integram a categoria de refugos, sendo tidos como inúteis, dispensáveis.

As relações laborais, por sua vez, são dominadas por um senso de individualidade e competição acirradas. Assim como ocorre na seara consumerista, aqui também há o governo da mentalidade de "curto prazo", já que o período em que um posto de trabalho é ocupado tem sido drasticamente diminuído. Vale dizer que tais alterações são encaradas com muita naturalidade. Com isso, tem-se que o vínculo entre empregado e empregador é bastante frágil, estando sempre propenso ao rompimento.

Outra marca indelével dos tempos líquidos é o sentimento de desconfiança generalizada perante tudo e todos. Há um medo difuso, abstrato, que permeia nossas tomadas de decisão. Em busca de segurança, os indivíduos procuram o isolamento e são pouco inclinados a se abrir para novas experiências que envolvam algum tipo de risco. Há uma acentuação do individualismo em detrimento da solidariedade para com o próximo. Afinal, "a solidariedade humana é a primeira baixa causada pelo triunfo do mercado consumidor".[152]

Assim como ocorreu nas esferas tratadas anteriormente, a liquefação da sociedade também provocou expressivas mudanças na configuração dos relacionamentos afetivos contemporâneos.[153]

---

152 BAUMAN, Zygmunt. *Amor líquido*: sobre a fragilidade dos laços humanos. Tradução de Carlos Alberto Medeiros. Rio de Janeiro: Zahar, 2004. p. 96.

153 Interessante perceber como as esferas aludidas nesta obra estão de fato conectadas, razão pela qual a alteração no interior de uma engendra automaticamente mudanças nas demais. Tome-se como exemplo a relação entre consumo e família descrita por Sullerot: "A partir de cerca de 1965, a família deixa de ser a unidade de consumo. Os seus vários membros tornam-se em consumidores individuais, concorrentes, bombardeados por ofertas publicitárias, dirigidas a um público-alvo específico, que, desta forma, os individualizam. Não se trata simplesmente de vender produtos de beleza às mães, cigarros aos pais, cães de peluche às crianças e blusões aos filhos maiores – produtos estes oferecidos separadamente a cada um deles. É uma cultura de consumo individual, são confortos e divertimentos individuais, são tempos livres individuais, fora do lar e da família. Acabou o passeio ao domingo, a visita

O amor nutrido no seio conjugal talvez seja o maior exemplo de algo que para existir precisa ser sólido e não volátil. Ao lado do próprio sentimento em si considerado, é fruto de um esforço paulatino, que exige dedicação, tolerância e respeito ao próximo – para alguns, até mesmo certa dose de autossacrifício. Amar pressupõe a vontade de partilhar as nuances da vida, criando aos poucos algo quase transcendental.[154] Bauman usa como metáfora do típico percurso de vida do amor a figura de uma árvore que dá frutos doces somente após alguns bons anos de "crescimento nada espetacular, assistido por uma série de cuidados de jardinagem dedicados, intensos e não raro desgastantes".[155]

Ocorre que a sociedade hodierna, como já dito, é uma sociedade de consumo, que privilegia comportamentos imediatistas e hedonistas. A valorização da satisfação instantânea tem como contrapartida o repúdio a tudo aquilo que exija esforços demorados.[156] Por essa razão, os compromissos duradouros são vistos na era líquida como focos de opressão, cujo engajamento contínuo produz uma situação de dependência degradante.[157]

O cenário contemporâneo passa, então, a ser caracterizado por parcerias "frouxas e eminentemente revogáveis",[158] plenamente mutáveis a qualquer momento. Tudo é analisado segundo uma ótica utilitarista típica da avaliação que se faz ao consumir mercadorias, como bem sintetizado por Bauman:

> Consideradas defeituosas ou não "plenamente satisfatórias", as mercadorias podem ser trocadas por outras, as quais se espera que agradem mais, mesmo que não haja um serviço de atendimento ao cliente e que a transação não inclua a garantia de devolução do dinheiro. *Mas, ainda que cumpram o que delas se espera, não se imagina que permaneçam em uso por muito tempo.* Afinal, automóveis, computadores ou telefones celulares perfeitamente usáveis, em bom estado e em condições de funcionamento

aos avós" (SULLEROT, Evelyne. *A família*: da crise à necessidade. Tradução de Rogério Alves. Lisboa: Instituto Piaget, 1997. p. 73).

154 BAUMAN, Zygmunt. *Vida a crédito*: conversas com Citali Rovirosa-Madrazo. Tradução de Alexandre Werneck. Rio de Janeiro: Zahar, 2010. p. 204.

155 BAUMAN, Zygmunt. *Vida a crédito*: conversas com Citali Rovirosa-Madrazo. Tradução de Alexandre Werneck. Rio de Janeiro: Zahar, 2010. p. 217.

156 BAUMAN, Zygmunt. *Amor líquido*: sobre a fragilidade dos laços humanos. Tradução de Carlos Alberto Medeiros. Rio de Janeiro: Zahar, 2004. p. 21-22.

157 BAUMAN, Zygmunt. *Amor líquido*: sobre a fragilidade dos laços humanos. Tradução de Carlos Alberto Medeiros. Rio de Janeiro: Zahar, 2004. p. 65.

158 BAUMAN, Zygmunt. *Amor líquido*: sobre a fragilidade dos laços humanos. Tradução de Carlos Alberto Medeiros. Rio de Janeiro: Zahar, 2004. p. 112.

satisfatórias são considerados, sem remorso, como um monte de lixo no instante em que "novas e aperfeiçoadas versões" aparecem nas lojas e se tornam o assunto do momento. *Alguma razão para que as parcerias sejam consideradas uma exceção à regra?*[159]

Novamente temos o reflexo da mentalidade de "curto prazo", que, como visto, tanto influenciou as esferas de consumo e laborais. A solidez dos vínculos humanos, materializada em um compromisso de longo prazo, representa uma ameaça. O indivíduo se sente sufocado diante de um futuro em que vislumbra uma série de obrigações indesejadas que tolhem sua liberdade.[160]

Antony Giddens sintetizou esses preceitos cunhando a expressão "amor confluente".[161] A tradicional noção romantizada de amor, como uma parceria exclusiva regida pelo lema "até que a morte nos separe", é suplantada por uma concepção individualista em que a relação perdura cada vez menos. Em outras palavras, enquanto for estritamente conveniente.[162]

Diante disso, a sociedade se abre para as chamadas "novas possibilidades românticas".[163] São esquemas de "comprometimento

---

[159] BAUMAN, Zygmunt. *Amor líquido*: sobre a fragilidade dos laços humanos. Tradução de Carlos Alberto Medeiros. Rio de Janeiro: Zahar, 2004. p. 28 (grifos nossos). Dito de outra maneira: "Os laços e parcerias são vistos [...] como coisas a serem *consumidas, não produzidas*; estão sujeitos aos mesmos critérios de avaliação de todos os outros objetos de consumo. No mercado consumidor, produtos ostensivamente duráveis são oferecidos por um 'período de teste' e a devolução do dinheiro é prometida se o comprador não estiver satisfeito. Se um parceiro é visto nestes termos, então não é mais tarefa de ambos os parceiros 'fazer o relacionamento funcionar' – fazê-lo funcionar nas boas e nas más situações, ajudar um ao outro ao longo dos trechos bons e ruins, podar, se necessário, as próprias preferências, fazer acordos e sacrifícios pelo bem da união duradoura. Em vez disso, é uma questão de obter satisfação com um produto pronto para ser usado; se o prazer derivado dele não se equipara ao padrão prometido e esperado ou se a novidade diminui gradualmente com a alegria, não existe razão para ficar com o produto inferior ou mais velho, ao invés de encontrar outro, 'novo e melhorado', na loja" (BAUMAN, Zygmunt. *A sociedade individualizada*: vidas contadas e histórias vividas. Tradução de José Gradel. Rio de Janeiro: Zahar, 2008. p. 199).

[160] BAUMAN, Zygmunt. *Identidade*: entrevista a Benedetto Vecchi. Tradução de Carlos Alberto Medeiros. Rio de Janeiro: Zahar, 2005. p. 40.

[161] BAUMAN, Zygmunt. *Identidade*: entrevista a Benedetto Vecchi. Tradução de Carlos Alberto Medeiros. Rio de Janeiro: Zahar, 2005. p. 71.

[162] "De modo curioso, surpreendente, desconcertante, comprar a crédito é a única forma de compromisso a longo prazo que os habitantes do líquido mundo moderno não apenas toleram e defendem, mas assumem com satisfação" (BAUMAN, Zygmunt. *Vidas desperdiçadas*. Tradução de Carlos Alberto Medeiros. Rio de Janeiro: Zahar, 2005. p. 137).

[163] BAUMAN, Zygmunt. *Amor líquido*: sobre a fragilidade dos laços humanos. Tradução de Carlos Alberto Medeiros. Rio de Janeiro: Zahar, 2004. p. 27.

light que minimizam a exposição a riscos".[164] Trata-se de um subterfúgio para lidar com a atual "compromissofobia" que vem se disseminando.[165] Tais relações não admitem uma enumeração taxativa dada *a priori*, haja vista a pluralidade admitida na construção de novas tipologias. De qualquer modo, um traço comum que pode ser identificado é a passagem do caráter sólido para o experimental.[166] É cada vez mais comum observar casais que não coabitam, possuindo uma vida mais independente. Passam a ser igualmente numerosos os relacionamentos ironicamente chamados de *time-share*, que se assemelham a sucessivos "pacotes de fim de semana". Com isso, o casamento à moda antiga é substituído pela coabitação (regida pelo cunho temporário do "vamos ver como funciona") e pelo "ficar juntos" em horário parcial e flexível.[167]

É importante salientar que algo determinante para o triunfo das parcerias mais flexíveis foi a purificação do conceito de sexo.[168] Diante do avanço de doenças sexualmente transmissíveis, passou a ser veiculada a ideia de que sexo seguro era sinônimo de sexo mediante a utilização de preservativos. Tão só. Isso enseja a ocorrência de encontros para fins puramente sexuais. E, "sem o peso do amor, o sexo é reduzido a uma descarga de tensão, na qual um parceiro é usado como meio essencialmente descartável para um fim".[169]

Ainda sobre o sexo na contemporaneidade, vale dizer que a purificação o tornou um interessante nicho de mercado que rende quantias vultosas todos os anos.[170] Dessa maneira, a tendência é que

---

164 BAUMAN, Zygmunt. *A arte da vida*. Tradução de Carlos Alberto Medeiros. Rio de Janeiro: Zahar, 2009. p. 25-26.

165 BAUMAN, Zygmunt. *A arte da vida*. Tradução de Carlos Alberto Medeiros. Rio de Janeiro: Zahar, 2009. p. 25-26.

166 "Os esforços para estabelecer e estreitar os vínculos alinham uma sequência infinita de experimentos. Sendo experimentais, aceitos na base da tentativa e eternamente testados, sempre um provisório 'vamos esperar para ver como funcionam', não é provável que as alianças, compromissos e vínculos humanos se solidifiquem o suficiente para serem proclamados confiáveis de maneira verdadeira e integral. Nascidos da suspeita, geram suspeita" (BAUMAN, Zygmunt. *Vidas desperdiçadas*. Tradução de Carlos Alberto Medeiros. Rio de Janeiro: Zahar, 2005. p. 115).

167 BAUMAN, Zygmunt. *Amor líquido*: sobre a fragilidade dos laços humanos. Tradução de Carlos Alberto Medeiros. Rio de Janeiro: Zahar, 2004. p. 54.

168 BAUMAN, Zygmunt. *Amor líquido*: sobre a fragilidade dos laços humanos. Tradução de Carlos Alberto Medeiros. Rio de Janeiro: Zahar, 2004. p. 69.

169 BAUMAN, Zygmunt; MAY, Tim. *Aprendendo a pensar com a sociologia*. Tradução de Alexandre Werneck. Rio de Janeiro: Zahar, 2010. p. 144.

170 LINDSTROM, Martin. *Sex, branding and profits*. Disponível em: http://www.brandingstrategyinsider.com/2008/09/naked-branding.html. Acesso em: 13 dez. 2010.

a atividade sexual seja cada vez mais estimulada[171] e posta como algo primordial para a vida dos cidadãos. Considerando que o amor é uma conquista, em geral longa e trabalhosa, parece interessante a existência de relacionamentos que ofereçam as benesses de uma união sem, no entanto, demandar uma estrita reciprocidade em troca.[172]

Outro fator que tem contribuído para a formação e a manutenção de vínculos humanos frágeis é o sentimento de insegurança propagado na sociedade líquida, o qual atinge seu ápice na seara dos relacionamentos amorosos.

O amor é, por essência, o maior reduto da insegurança. Há quem o conceba como uma espécie de "hipoteca baseada num futuro incerto e inescrutável".[173] Uma união sempre revela aos poucos novas nuances sobre o parceiro e sobre a própria convivência, sendo impossível proceder antecipadamente um inventário de seus efeitos. Esse é um campo isento de garantias.

Importa assinalar que, enquanto o início do vínculo amoroso pressupõe a anuência mútua do casal, seu rompimento pode ser oriundo da vontade de apenas um dos parceiros. Caberá ao outro unicamente aceitar a rejeição sofrida. Por isso, há sempre certa dose de ansiedade nos parceiros, os quais reiteradamente se questionam silenciosamente: "e se a outra pessoa se aborrecer antes de mim?".[174] Nesse sentido, não admira que as tensões criadas pelos laços afetivos conjugais estejam elencadas como as principais causas que levam as pessoas a procurar profissionais especializados em aconselhamentos e terapias.[175]

---

171 "Todas as formas de atividade sexual são não apenas toleradas, mas frequentemente indicadas como terapias úteis para uma ou outra forma de enfermidade psicológica, e cada vez mais aceitas como vias legítimas na busca individual da felicidade, sendo estimulada a sua exibição em público" (BAUMAN, Zygmunt. *Amor líquido*: sobre a fragilidade dos laços humanos. Tradução de Carlos Alberto Medeiros. Rio de Janeiro: Zahar, 2004. p. 75).

172 BAUMAN, Zygmunt; MAY, Tim. *Aprendendo a pensar com a sociologia*. Tradução de Alexandre Werneck. Rio de Janeiro: Zahar, 2010. p. 141.

173 BAUMAN, Zygmunt. *Amor líquido*: sobre a fragilidade dos laços humanos. Tradução de Carlos Alberto Medeiros. Rio de Janeiro: Zahar, 2004. p. 23.

174 BAUMAN, Zygmunt. *Identidade*: entrevista a Benedetto Vecchi. Tradução de Carlos Alberto Medeiros. Rio de Janeiro: Zahar, 2005. p. 72. Ainda: "Os parceiros não podem de fato contar com o outro, que pode amanhã declarar não se sentir mais disposto a partilhar a vida e conviver. Pode, talvez, 'precisar de mais espaço' e ir buscá-lo em outro lugar" (BAUMAN, Zygmunt; MAY, Tim. *Aprendendo a pensar com a sociologia*. Tradução de Alexandre Werneck. Rio de Janeiro: Zahar, 2010. p. 155).

175 Nesse sentido ver: BAUMAN, Zygmunt; MAY, Tim. *Aprendendo a pensar com a sociologia*. Tradução de Alexandre Werneck. Rio de Janeiro: Zahar, 2010. p. 141; e BAUMAN, Zygmunt. *Amor líquido*: sobre a fragilidade dos laços humanos. Tradução de Carlos Alberto Medeiros. Rio de Janeiro: Zahar, 2004. p. 9.

O rompimento das relações amorosas tem sido encarado como um acontecimento tão natural, corriqueiro, a ponto de se falar em banalização.[176] Os laços são atados de maneira frouxa, de modo a facilitar a maneira como serão desfeitos, poupando os indivíduos de longas esperas.[177] Desse modo, assiste-se hoje a um aumento cada vez mais expressivo de relacionamentos tidos como "natimortos, inadequados, inválidos ou inviáveis, nascidos com a marca do descarte iminente".[178]

A principal característica do amor líquido vem a ser a ambiguidade surgida entre dois anseios que dificilmente serão satisfeitos concomitantemente: pertencimento e individualidade.[179] Ao mesmo tempo que o indivíduo deseja fugir da solidão e estar inserido em algum tipo de parceria, não aceita sem grandes resistências abrir mão de sua tão sagrada liberdade. O problema é que a satisfação de uma dessas necessidades, em regra, engendra a insatisfação de outra.

Diante desse impasse, os relacionamentos virtuais também têm ganhado bastante espaço. As vantagens que oferecem são várias: (i) a desnecessidade de um engajamento *full time e* da obrigação de estar sempre disponível para o outro;[180] (ii) a possibilidade de flertar com muitos parceiros de forma incrivelmente rápida; (iii) a facilidade no ato de rompimento do laço eletrônico, uma vez que é possível terminar instantaneamente, com um mero *click*, sem que haja confusão ou remorsos. No entanto, a título de contraponto, ressalta-se que tais relações "tendem a ser mais fracas e superficiais do que as laboriosamente construídas na vida real, 'off-line'".[181]

Outra modalidade relacional que se desenvolve na sociedade hedonista e resistente à frustração sob o preceito de se aproximar e obter

---

176 Para ilustrar essa questão, ressalta-se que em Londres são vendidos em diversos estabelecimentos "*kits* divórcio", que custam £7,49 (BAUMAN, Zygmunt. *Comunidade*: a busca por segurança no mundo atual. Tradução de Plínio Dentzien. Rio de Janeiro: Zahar, 2003. p. 116).

177 BAUMAN, Zygmunt. *Amor líquido*: sobre a fragilidade dos laços humanos. Tradução de Carlos Alberto Medeiros. Rio de Janeiro: Zahar, 2004. p. 7.

178 BAUMAN, Zygmunt. *Vidas desperdiçadas*. Tradução de Carlos Alberto Medeiros. Rio de Janeiro: Zahar, 2005. p. 15.

179 BAUMAN, Zygmunt; MAY, Tim. *Aprendendo a pensar com a sociologia*. Tradução de Alexandre Werneck. Rio de Janeiro: Zahar, 2010. p. 148.

180 BAUMAN, Zygmunt. *Amor líquido*: sobre a fragilidade dos laços humanos. Tradução de Carlos Alberto Medeiros. Rio de Janeiro: Zahar, 2004. p. 86.

181 BAUMAN, Zygmunt. *Vida a crédito*: conversas com Citali Rovirosa-Madrazo. Tradução de Alexandre Werneck. Rio de Janeiro: Zahar, 2010. p. 212.

prazer sem se comprometer é o "ficar com".[182] Segundo a psicóloga Jaqueline Cavalcanti, o "ficar com" serve para matar a carência do indivíduo, que não está, na maior parte das vezes, preocupado com a satisfação das expectativas do outro parceiro. O "ficante"[183] é tratado como mero objeto, sujeito a trocas a qualquer momento.[184]

O ato de viver intensamente com outra pessoa – o "ficar com" engendra troca de carícias e, por vezes, relações sexuais – sem, no entanto, haver a configuração de um relacionamento entre o par é algo que pode ser descrito como uma "intimidade não íntima".[185] Para Jaqueline Cavalcanti, essa ambivalência não ocorre por acaso. Trata-se de uma das "saídas que o brasileiro encontrou para driblar as normas, burlar as leis, sem entrar em conflito aberto com elas".[186]

De modo análogo, o namoro – objeto deste estudo – também pode ser enquadrado no rol de uniões que não geram, por si só, efeitos jurídicos. Justamente por essa razão, tem sido amplamente adotado por casais que desejam viver o amor líquido-moderno.[187] Afinal, como disse Eduardo Bittar, "se a família implica em responsabilidade, renúncia,

---

182 CHAVES, Jaqueline Cavalcanti. *"Ficar com"*: um estudo sobre um código de relacionamento no Brasil. 3. ed. Rio de Janeiro: Revan, 2001. p. 12-14; 34.

183 "O 'ficante' é um indivíduo pertencente a uma cultura sexual erotizada ao máximo, caracterizada pelo esvaziamento da ética, pela influência da mídia, pela banalização do sensível, pela espetacularização da vida cotidiana, pela estereotipia e pela estetização generalizada. Um indivíduo que, bombardeado a todo instante por novos produtos de consumo, ideais, valores, modelos e categorias, é estimulado a consumir-usar-trocar. Um indivíduo que busca o prazer e que, simultaneamente, procura dar conta da sua desorientação" (CHAVES, Jaqueline Cavalcanti. *"Ficar com"*: um estudo sobre um código de relacionamento no Brasil. 3. ed. Rio de Janeiro: Revan, 2001. p. 65-66).

184 CHAVES, Jaqueline Cavalcanti. *"Ficar com"*: um estudo sobre um código de relacionamento no Brasil. 3. ed. Rio de Janeiro: Revan, 2001. p. 36; 67.

185 CHAVES, Jaqueline Cavalcanti. *"Ficar com"*: um estudo sobre um código de relacionamento no Brasil. 3. ed. Rio de Janeiro: Revan, 2001. p. 37.

186 CHAVES, Jaqueline Cavalcanti. *"Ficar com"*: um estudo sobre um código de relacionamento no Brasil. 3. ed. Rio de Janeiro: Revan, 2001. p. 83.

187 O cunho dialético deste trabalho científico faz com que seja feito o esclarecimento de que, para alguns, o namoro deve ser repensado a fim de rechaçar o modo inconsequente como tem sido encarado. Esse é o posicionamento defendido por Felipe Aquino, para quem o namoro, que tem como escopo o casamento, é o momento inicial em que a família é edificada. A vida sexual deve ser evitada pelo casal de namorados, pois estragaria os alicerces do compromisso (AQUINO, Felipe. *Namoro*. 35. ed. Lorena: Cléofas, 2009. p. 10; 13-14; 77; 110). Interessantes, nesse sentido, os ensinamentos de Eduardo Bittar – os quais parecem mais acertados. O autor entende que o advento da modernidade líquida traz consigo progressos e retrocessos no campo da família e do amor. Por isso, seria descabida uma tentativa de avaliar positiva ou negativamente as transformações ocorridas. Ver: BITTAR, Eduardo Carlos Bianca. Modernidade líquida, relações instáveis. *Boletim IBDFAM*, n. 47, p. 3-4, nov./dez. 2007. Entrevista.

abdicação e esforço, é evidente que esta ideia está na contramão da história do presente".[188]

Na última década, o mundo também vivenciou o nascimento e o *boom* dos relacionamentos por aplicativos. Com eles, é possível selecionar eventuais parceiros para "ficar com" ou mesmo para namorar. Isso é feito com um simples movimento na tela do *smartphone*. Diariamente, cada pessoa pode estabelecer contatos com diversos potenciais parceiros em qualquer lugar do mundo. E, da mesma forma fugaz que o contato é estabelecido, também pode ser encerrado. Essa é mais uma forma de expressão do amor-líquido moderno.

Todos esses novos comportamentos sociais precisam ser captados pelo ordenamento jurídico. Aqui, como será bem desenvolvido nos capítulos subsequentes, é que aflora o fenômeno de contratualização do direito de família diante da riqueza das novas formas de vivenciar relacionamentos. Dimitre Braga Soares de Carvalho afirma que hoje teríamos a passagem do conceito da família tradicional para a contratual, sintetizada na máxima "minha família, minhas regras".[189] Conforme aponta Renata Vilela Multedo:

> Nesse trilhar, ainda que no Brasil a cultura contratual no direito de família seja algo bastante recente, como não pensar no aumento de casais que optam por viver juntos sem se casar? Como não reconhecer a opção de muitas pessoas que simplesmente não mais necessitam que o compromisso firmado seja tutelado pelo Estado? Ou que optam por uma união como um teste prévio ao casamento? Ou, ainda, aqueles que repudiam o casamento porque passaram por um divórcio conturbado? Ou aqueles casais de namorados mais jovens que decidem morar juntos tão somente para reduzir o custo de vida alto nas áreas urbanas, sem o intuito de constituírem família?[190]

---

188 BITTAR, Eduardo Carlos Bianca. Família, sociedade e educação: um ensaio sobre individualismo, amor líquido e cultura pós-moderna. *Revista Brasileira de Direito das Famílias e Sucessões*, Porto Alegre; Belo Horizonte, out./nov. 2007.

189 CARVALHO, Dimitre Braga Soares de. Minha família, minhas regras: da família contratual aos smartcontracts de direito de família. *IBDFAM*, 27 abr. 2022. Disponível em: https://ibdfam.org.br/artigos/1809/Minha+fam%C3%ADlia%2C+minhas+regras%3A+da+fam%C3%ADlia+contratual+aos+smartcontracts+de+Direito+de+Fam%C3%ADlia. Acesso em: 30 abr. 2022.

190 MULTEDO, Renata Vilela. *Liberdade e família*: limites para a intervenção do Estado nas relações conjugais e parentais. Rio de Janeiro: Processo, 2017. p. 283-284. Sobre as novas feições e os novos arranjos familiares hodiernos, sugere-se a leitura das seguintes obras: CALDERÓN, Ricardo. *Princípio da afetividade no direito de família*. 2. ed. Rio de Janeiro: Forense, 2017; BRASILEIRO, Luciana. *As famílias simultâneas e seu regime jurídico*. 3. ed. Belo Horizonte: Fórum, 2021; PAIANO, Daniela Braga. *A família atual e as espécies de filiação*: da possibilidade

Um dos pressupostos da mencionada contratualização é o avanço da autodeterminação sobre a tutela estatal. Analisar-se-á, no capítulo seguinte, as nuances da doutrina intitulada "direito de família mínimo", a qual entende ser devida a menor intervenção possível do Estado nas relações familiares (ressalvadas hipóteses excepcionais). Ademais, serão vistos demais desdobramentos da matéria que redundam na necessidade de conferir aos particulares autonomia privada capaz de conferir possibilidades de escolhas que garantam a realização pessoal na esfera conjugal. Feito isso, far-se-á um estudo específico sobre o contrato de namoro, pesquisa ainda pioneira no ordenamento jurídico pátrio.

---

jurídica da multiparentalidade. Rio de Janeiro: Lumen Juris, 2017; e HOLANDA, Maria Rita de. *Parentalidade*: entre a realidade social e o direito. Belo Horizonte: Fórum, 2021.

CAPÍTULO 2

O DIREITO DE FAMÍLIA MÍNIMO

Liberdade, essa palavra que o sonho humano alimenta,
não há ninguém que explique e ninguém que não entenda...
(Cecília Meireles)

2.1 Amor líquido e direito de família mínimo

Com o fito de sustentar a possibilidade de estipulação de contratos de namoro no ordenamento jurídico pátrio, perquiriu-se no capítulo anterior a configuração das relações afetivas na atual sociedade líquido-moderna. Com base na obra de Zygmunt Bauman, conclui-se pelo império cada vez maior do chamado amor líquido.

Conforme delineado, o amor líquido é fruto das diversas vicissitudes que permeiam a sociedade capitalista em que se vive. Em síntese, pode-se dizer que os laços humanos atuais são marcados, em regra, por uma fluidez exacerbada, uma incerteza constante, que produz vínculos afetivos frágeis. Com isso, o relacionamento passa a ser encarado de maneira puramente utilitarista, de acordo com a lógica do consumo e do consequente descarte.

Feita essa radiografia do cenário social hodierno, cabe analisar as principais nuances do panorama jurídico que subjaz ao tema desta obra, especialmente no que toca ao direito de família. O escopo deste capítulo é demonstrar que a doutrina civilista tem caminhado no sentido de assegurar às próprias pessoas a liberdade necessária para que estipulem o modo como pretendem desenvolver a esfera conjugal. Nesse sentido, a intervenção do Estado na seara da família deve ser mínima, ocorrendo apenas em casos excepcionais. Daí a expressão *direito de família mínimo*.

O amor líquido e o direito de família mínimo são, portanto, as duas premissas basilares que permitem o exame do contrato de namoro, servindo como verdadeiros sustentáculos dessa figura.

2.2 Direito de família mínimo e direito penal mínimo

Como a própria semelhança dos vocábulos sugere, o direito de família mínimo possui evidente inspiração na difundida teoria do direito penal mínimo.

A corrente de pensamento do direito penal mínimo teve sua origem na incorporação dos ideais sustentados pelas teorias criminológicas do século XX.[191] Importa frisar que nesse período o sistema penal caminhava para a crescente maximização da sanção penal, pois a legislação vinha sendo adotada como resposta universal para todas as condutas contrárias aos valores tidos como merecedores de proteção estatal.

Eis que, como contraponto, a doutrina minimalista propõe que o direito penal deve tutelar somente os bens jurídicos de maior relevância para o ser humano,[192] tais como vida, dignidade e sexualidade.[193]

A proposta de redução penal impede que haja criminalização de condutas de menor potencial ofensivo, na hipótese de serem consideradas insignificantes.[194] Com isso, evita-se a banalização da sanção penal, além de tornar esse ramo do direito mais eficaz.

---

191 "O *Direito Penal mínimo* é expressão de princípios políticos e de princípios jurídicos que definem os fundamentos do programa de política criminal da *Criminologia crítica* para as sociedades capitalistas" (SANTOS, Juarez Cirino dos. *Direito penal*: parte geral. Curitiba: ICPC, Lumen Juris, 2006. p. 701).

192 ROXIN, Claus. *Derecho penal*: parte general. Tradução da 2. ed. alemã de Diego-Manuel Luzón Pena, Miguel Diaz y García Conlledo e Javier de Vicente Remesal. Madrid: Civitas, 1997. t.1: Fundamentos. La estructura de la teoría del delito.

193 ROXIN, Claus. *A proteção de bens jurídicos como função do direito penal*. Organização e tradução de André Luís Callegari e Nereu José Giacomolli. Porto Alegre: Livraria do Advogado, 2006.

194 Toma-se como exemplo o furto de abóboras: "EMBARGOS DE DECLARAÇÃO. INEXISTÊNCIA DE OMISSÃO. REJEITADOS. A alegação dos representantes do Ministério Público que o colegiado foi omisso nos fundamentos jurídicos que possibilitaram a aplicação do princípio da insignificância não tem procedência. O acórdão, citando doutrina e jurisprudência, está motivado. Afinal, sabe-se, ou deveriam sabê-lo, que a ideia de afastar o direito penal desses fatos irrelevantes é uma criação da doutrina que vem sendo acolhida pelos tribunais. Não existem dispositivos legais a respeito. Embargos rejeitados. Unânime"

O ponto de contato existente entre as duas teorias apresentadas é a adoção de uma principiologia que reclama a menor intervenção estatal possível, conferindo maior autonomia aos indivíduos.[195]

Registra-se na literatura jurídica brasileira uma única obra específica sobre direito de família mínimo. Na falta de outras referências mais elucidativas, atribui-se a Leonardo Barreto Moreira Alves[196] a autoria dessa expressão.

2.3 Da família transpessoal à família eudemonista

Consoante exposto no tópico anterior, a doutrina penalista cunhou uma teoria com o intento de minimizar o âmbito de atuação do direito penal, uma vez que esse ramo estava ganhando contornos excessivos. A judicialização em demasia deturpava a própria razão de ser do direito penal e representava verdadeiro óbice ao alcance de objetivos fundamentais estabelecidos por essa disciplina. Da mesma lógica não escapa o direito de família mínimo.

O Código Civil de 1916 (Lei nº 3.071/16) representou o triunfo de um arranjo familiar vincado pelo princípio da unidade,[197] que tinha na figura do marido o chefe soberano do grupo. A estrutura era hierarquizada, contemplando a desigualdade de gêneros e de funções. Às mulheres e aos filhos era atribuída posição consideravelmente menos nobre, pois "a autonomia, o poder de conformação do ser no mundo, residia apenas na figura do *pater familias*".[198]

(TJRS. 8ª Câmara Criminal. Embargos de Declaração nº 70007545148. Rel. Des. Sylvio Baptista, j. 19.11.2003).

195 "A expressão direito de família mínimo é colhida do direito penal, seara na qual se presencia fenômeno semelhante, propugnando-se um direito penal mínimo, uma vez que o Estado somente deve utilizar o direito penal para tutelar os bens mais caros à sociedade (fragmentaridade) e como *extrema* ou *ultima ratio* (intervenção mínima propriamente dita), quando insuficiente a tutela promovida por outros instrumentos sociais, como a família, a coletividade, o direito administrativo, o direito civil etc." (ALVES, Leonardo Barreto Moreira. *Direito de família mínimo*: a possibilidade de aplicação e o campo de incidência da autonomia privada no direito de família. Rio de Janeiro: Lumen Juris, 2010. p. 144).

196 ALVES, Leonardo Barreto Moreira. *Direito de família mínimo*: a possibilidade de aplicação e o campo de incidência da autonomia privada no direito de família. Rio de Janeiro: Lumen Juris, 2010.

197 OLIVEIRA, José Lamartine Correa de; MUNIZ, Francisco José Ferreira. *Curso de direito de família*. 2. ed. Curitiba: Juruá, 1998. p. 323.

198 TEIXEIRA, Ana Carolina Brochado; RODRIGUES, Renata de Lima. *O direito das famílias entre a norma e a realidade*. São Paulo: Atlas, 2010. p. 92.

Nessa ótica, cabia a cada integrante da família desempenhar um papel cujo *script* havia sido previamente definido pelo Estado legislador. Importa assinalar que o próprio *pátrio poder* sofria limitações na sua margem de atuação. Não era facultado aos indivíduos desrespeitar os valores caros ao legislador da época,[199] por mais injustos que fossem (família patriarcal, matrimonial e com vistas à tutela do patrimônio). Entre vários, cita-se como exemplo o art. 358 desse diploma, segundo o qual não era juridicamente possível reconhecer os filhos (preconceituosamente chamados de) adulterinos.

Nessa esteira, impossível deixar de mencionar que até o advento da Lei nº 6.515, em 1977, não era permitido aos cônjuges dissolver a sociedade conjugal. Assim, não raro se observava a manutenção de relacionamentos em que o amor, o afeto e a vontade de conviver em comunhão com o outro já haviam acabado. É o que explicita Leonardo Barreto Moreira Alves:

> Inúmeros casais digladiavam-se, sequer dormiam no mesmo leito, chegavam até as vias de fato, mas permaneciam juntos para que não fosse rompida a decantada família. A influência da Igreja Católica era ainda muito forte, projetando-se também no mundo jurídico. Assim, o sacramento do matrimônio decorria da vontade de Deus e, "como o que o Criador reuniu não poderia o homem separar", os cônjuges deveriam permanecer juntos "até que a morte os separasse".[200]

Verifica-se, pois, que a entidade familiar era concebida como uma instituição indissolúvel. Conforme adverte Carlos Eduardo Pianovski Ruzyk, "a regra não protege o sujeito em relação, mas, sim, o papel familiar que esse sujeito ocupa".[201]

O excesso de regras cogentes[202] na regulação do direito de família dessa época fez com que parcela da doutrina afirmasse que esse

[199] LÔBO, Paulo Luiz Netto. Prefácio. *In*: GAGLIANO, Pablo Stolze; PAMPLONA FILHO, Rodolfo. *O novo divórcio*. São Paulo: Saraiva, 2010. p. 14.

[200] ALVES, Leonardo Barreto Moreira. *Direito de família mínimo*: a possibilidade de aplicação e o campo de incidência da autonomia privada no direito de família. Rio de Janeiro: Lumen Juris, 2010. p. 52.

[201] RUZYK, Carlos Eduardo Pianovski. *Famílias simultâneas*: da unidade codificada à pluralidade constitucional. Rio de Janeiro: Renovar, 2005. p. 21.

[202] Afirmava Pontes de Miranda: "A grande maioria das normas de direito de família é composta de normas cogentes. Só excepcionalmente, em matéria de regime de bens, o Código Civil deixa margem à autonomia da vontade" (PONTES DE MIRANDA, Francisco Cavalcanti. *Tratado de direito privado*. 3. ed. Rio de Janeiro: Borsoi, 1971. v. 7. p. 189).

ramo jurídico pertencia ao direito público, tamanha a estatização da matéria.[203]

Interessante perceber que, após arquitetar e impor um modelo de família, o Estado fechava os olhos para eventuais abusos cometidos no seio do lar. Assim, "uma vez celebrado o matrimônio, ao Estado não era dado intervir na comunhão de vida estabelecida, ainda que a mesma fosse patriarcal e arbitrária".[204] [205]

Com o passar do tempo, inúmeras modificações experimentadas pela sociedade ensejaram sucessivas e radicais mudanças legislativas. Na impossibilidade de aludir a todas elas, citam-se apenas a emancipação da mulher e a introdução de métodos contraceptivos.[206] A Constituição Federal de 1988 certamente é a mais emblemática de todas, pois consagrou a igualdade entre cônjuges e entre filhos (havidos ou não do matrimônio), além de reconhecer demais arranjos familiares de igual dignidade.[207]

Não resta dúvida de que houve uma *repersonalização das relações de família*, conforme escreve Paulo Lôbo.[208] Nesse sentido, importa demonstrar que "não é mais o indivíduo que existe para a família e para o casamento, mas a família e o casamento existem para o seu desenvolvimento pessoal, em busca de sua aspiração à felicidade".[209] Evidentemente, essa *ratio* também se aplica às outras formas de família.

---

203 Por todos, ver a seguinte obra, que coloca a estatização como um dos novos rumos do direito de família: LEITE, Eduardo de Oliveira. *Direito civil aplicado*: direito de família. São Paulo: Revista dos Tribunais, 2005. v. 5. p. 33.

204 TEIXEIRA, Ana Carolina Brochado; RODRIGUES, Renata de Lima. *O direito das famílias entre a norma e a realidade*. São Paulo: Atlas, 2010. p. 92.

205 O Código Civil de 1916 destoa nesse ponto em relação ao *Code Napoléon* de 1804. Neste, havia a possibilidade de divórcio justamente para solucionar as hipóteses excepcionais em que o cometimento de excessos violentos tornasse insuportável a vida em comum. É o que se depreende do discurso preliminar ao Código Civil francês. Ver: PORTALIS, Jean-Etienne-Marie. *Discours préliminaire du premier projet de Code civil*. Paris: Voix de La cité, 1999. p. 33 e segs.

206 DIAS, Maria Berenice. *Manual de direito das famílias*. 5. ed. rev., atual. e ampl. São Paulo: Revista dos Tribunais, 2009. p. 30.

207 Além do casamento, a Constituição reconhece a união estável e a família monoparental nos seus arts. 226, §§3º e 4º, respectivamente. Sobre esse tema, cabe dizer que "dignidade não distingue sexo, idade, condição social ou tipo de vínculo conjugal" (CARBONERA, Silvana Maria. *Reserva de intimidade*: uma possível tutela da dignidade no espaço relacional da conjugalidade. Rio de Janeiro: Renovar, 2008. p. 295).

208 LÔBO, Paulo Luiz Netto. A repersonalização das relações de família. *Jus Navigandi*, Teresina, v. 9, n. 307, 10 maio 2004. Disponível em: http://jus.uol.com.br/revista/texto/5201. Acesso em: 3 jan. 2011.

209 MICHEL, Andrée. Modèles sociologiques de la famille dans les societés contemporaines. *Archives de philosophie du droit: reforme du droit de la famille*, Paris, 1975. t. 20. p. 131-132 *apud*

Dessa forma, a concepção institucional de família é superada pelo princípio eudemonista, centrado na realização pessoal dos membros. É essa a dicção da primeira parte do art. 226, §8º, da Constituição da República: "o Estado assegurará a assistência à família na pessoa de cada um dos que a integram [...]". Tudo isso representa uma "grande *virada de Copérnico* na família contemporânea".[210]

Se ao longo do século XX o direito de família entra em crise, resta claro que novos princípios nortearão as entidades familiares contemporâneas. São eles: "Princípios fundamentais: (i) dignidade da pessoa humana; (ii) solidariedade; e, princípios gerais: (iii) igualdade; (iv) liberdade; (v) afetividade; (vi) convivência familiar; (vii) melhor interesse da criança".[211]

Ainda segundo Paulo Lôbo,[212] a partir desse transcurso é possível concluir que a família não é célula do Estado, mas sim da sociedade civil. Nesse sentido dispõe o *caput* do art. 226[213] da Constituição de 1988 e do art. XVI, 3, da Declaração Universal dos Direitos do Homem.[214] Perceba-se que *merecer especial proteção estatal*, conforme dicção da lei, não significa conceder ao Estado monopólio da regulamentação da família.[215] Assim, o direito de família se insere no direito privado:[216]

FACHIN, Luiz Edson. *Direito de família*: elementos críticos à luz do novo Código Civil brasileiro. Rio de Janeiro: Renovar, 2003. p. 31-32.

210 TEIXEIRA, Ana Carolina Brochado; RODRIGUES, Renata de Lima. *O direito das famílias entre a norma e a realidade*. São Paulo: Atlas, 2010. p. 94.

211 LÔBO, Paulo Luiz Netto. Princípios do direito de família brasileiro. *Revista Brasileira de Direito Comparado*, v. 1, n. 1, jul. 1982.

212 LÔBO, Paulo Luiz Netto. A repersonalização das relações de família. *Jus Navigandi*, Teresina, v. 9, n. 307, 10 maio 2004. Disponível em: http://jus.uol.com.br/revista/texto/5201. Acesso em: 3 jan. 2011.

213 "A família, base da sociedade, tem especial proteção do Estado".

214 "A família é o núcleo natural e fundamental da sociedade e tem direito à proteção da sociedade e do Estado".

215 ALVES, Leonardo Barreto Moreira. *Direito de família mínimo*: a possibilidade de aplicação e o campo de incidência da autonomia privada no direito de família. Rio de Janeiro: Lumen Juris, 2010. p. 137.

216 Sobre a dicotomia público x privado, fazemos nossas as seguintes palavras: "Por fim, alguns autores recorrem à unidade do ordenamento jurídico para fundamentar uma superação da dicotomia direito público/direito privado. Segundo eles, não seria mais aceitável a ideia de que a constituição é a lei do Estado e o direito civil é ordenamento da sociedade. Segundo essa corrente, a constitucionalização do direito civil seria uma demonstração de que a distinção entre direito público e direito privado não pode ser uma distinção rígida. Quanto a isso, não há dúvida. Mas entre inexistência de distinção rígida e superação da distinção há uma grande diferença [...]" (SILVA, Virgílio Afonso da. *A constitucionalização do direito*: os direitos fundamentais nas relações entre particulares. São Paulo: Malheiros, 2005. p. 173-174).

Portanto, o direito de família é genuinamente privado, pois os sujeitos de suas relações são entes privados, apesar da predominância das normas cogentes ou de ordem pública. Não há qualquer relação de direito público entre marido e mulher, entre companheiros, entre pais e filhos, dos filhos entre si e dos parentes entre si.[217] [218]

A consequência salutar da privatização reside no fato de que, a partir do viés eudemonista, os componentes do grupo familiar passam a ter mais autonomia e liberdade.[219] Trata-se de algo de suma importância, pois, como assinalado por João Baptista Villela, a família não é criação do Estado ou da Igreja. Não se pode perder de vista que a família antecede o ente estatal e, nessa ótica, cabe ao ordenamento jurídico estar a serviço dos enlaces espontaneamente formados, não o contrário.[220] O mesmo autor sublinhou o equívoco de confundir a família (fato) com o direito de família (versão do fato): "o que chamamos *direito de família* é, na verdade, *direito da versão de família*: um construto elaborado sob a filtragem política e sagrada sob que captamos a instituição".[221]

Na atualidade,[222] o paradigma patriarcal é substituído por uma família dita solidarista, democrática.[223] Do patrimônio como valor

---

217 LÔBO, Paulo Luiz Netto. *Famílias*. São Paulo: Saraiva, 2008. p. 25.

218 No mesmo sentido: "O Direito de Família está integrado no Direito Civil – tem por objetivo a determinação das condições nas quais se formam, se originam e se extinguem as relações familiares. A ordenação concreta dessas relações jurídicas pertence ao Direito de Família. É, portanto, uma parte do Direito Civil, segundo a sistematização germânica adotada pelo nosso Código. O Direito de família vem assim a ter assento no Direito Privado" (OLIVEIRA, José Lamartine Correa de; MUNIZ, Francisco José Ferreira. *Curso de direito de família*. 2. ed. Curitiba: Juruá, 1998. p. 15).

219 TEIXEIRA, Ana Carolina Brochado. *Família, guarda e autoridade parental*. 2. ed. Rio de Janeiro: Renovar, 2009. p. 29.

220 VILLELA, João Baptista. Repensando o direito de família. *In*: PEREIRA, Rodrigo da Cunha (Coord.). *Repensando o direito de família*. Belo Horizonte: Del Rey, 1999. p. 19.

221 VILLELA, João Baptista. Repensando o direito de família. *In*: PEREIRA, Rodrigo da Cunha (Coord.). *Repensando o direito de família*. Belo Horizonte: Del Rey, 1999. p. 16.

222 Ao falar da atualidade, pode parecer um descuido omitir desta discussão o Código Civil de 2002. No entanto, o projeto do Código teve sua primeira redação apresentada antes mesmo da Lei do Divórcio, em 1975. Apesar das tentativas de atualizá-lo, especialmente em razão da Constituição de 1988, seu texto é insuficiente para reger a sociedade hodierna. Mais do que isso, as inúmeras reformas que o Código sofreu antes de entrar em vigor contribuíram para que a regulamentação das famílias fosse feita de forma retalhada e sem técnica. Portanto, para o escopo deste item, o que importa frisar é a adoção da concepção eudemonista, o que pode ser feito a partir da Constituição Federal. Sobre a insuficiência do Código Civil em matéria de família, alerta Fachin: "Fica, porém, aquém das possibilidades abertas pela Constituição Federal de 1988" (FACHIN, Luiz Edson. O impacto das mudanças sociais no direito de família (entre dois Brasis: do casamento codificado às famílias não "matrimonializadas" na experiência brasileira). *Boletim da Faculdade de Direito, Studia Juridica*. Colloquia 6, Coimbra, 2000. p. 17).

fundamental passa-se à pessoa humana. O afeto surge como novo fundamento.[224] Com isso, ao lado das aspirações pessoais, há também ajuda mútua e diálogo.[225]

A concepção contemporânea de família é plural, de modo que toda tentativa de definição representaria, em última análise, uma limitação. Sob a ótica inversa, chega-se à mesma conclusão: "se a família é vária, essa multiplicidade impede que se dê uma definição jurídica de família".[226]

2.4 Principais contornos do direito de família mínimo

2.4.1 O princípio da liberdade ou da não intervenção no direito de família

Cabe, neste momento, explicitar uma premissa básica do direito de família mínimo. Trata-se do princípio da liberdade ou da intervenção mitigada do Estado nessa seara.

Percebe-se que a liberdade[227] constitui um dos direitos mais caros ao ordenamento jurídico brasileiro. Tanto é assim que esse direito é garantido, de maneira ampla, pela Constituição Federal de 1988 no art. 5º, *caput*.[228]

O art. 1.513 do Código Civil brasileiro, ao estabelecer que "é defeso a qualquer pessoa, de direito público ou privado, interferir na comunhão de vida instituída pela família", consagra o princípio

---

[223] "Ora, a família democrática nada mais é do que a família em que a dignidade de seus membros, das pessoas que a compõem, é respeitada, incentivada e tutelada" (MORAES, Maria Celina Bodin de. A família democrática. *In*: MORAES, Maria Celina Bodin de. *Na medida da pessoa humana*: estudos de direito civil-constitucional. Rio de Janeiro: Renovar, 2010. p. 214).

[224] CARBONERA, Silvana Maria. O papel jurídico do afeto nas relações de família. *In*: FACHIN, Luiz Edson. *Repensando fundamentos do direito civil brasileiro contemporâneo*. Rio de Janeiro: Renovar, 2000. p. 273-313.

[225] TEIXEIRA, Ana Carolina Brochado. *Família, guarda e autoridade parental*. Rio de Janeiro: Renovar, 2009. p. 34.

[226] MUNIZ, Francisco José Ferreira. *O direito de família na solução dos litígios*. Conferência proferida no XII Congresso Brasileiro de Magistrados (Belo Horizonte, 14 a 16 de novembro de 1991). Curitiba, 1992. p. 7.

[227] Sobre uma análise crítica do exercício de liberdades nos diversos campos do direito civil, ver: RUZYK, Carlos Eduardo Pianovski. *Institutos fundamentais do direito civil e liberdade(s)*: repensando a dimensão funcional do contrato, da propriedade e da família. Rio de Janeiro: GZ Ed., 2011.

[228] "Art. 5º Todos são iguais perante a lei, sem distinção de qualquer natureza, garantindo-se aos brasileiros e aos estrangeiros residentes no País a inviolabilidade do direito à vida, à liberdade, à igualdade, à segurança e à propriedade [...]".

da liberdade no direito de família, também chamado de princípio da não intervenção.[229] Por conta da importância desse tema, também a Declaração Universal dos Direitos do Homem[230] proíbe interferência na vida familiar.[231] Salienta-se que até mesmo a Lei da Adoção (nº 12.010/2009) contemplou o princípio da não intervenção.[232]

Segundo a doutrina, o princípio da liberdade na família possui, essencialmente, duas vertentes: (i) a liberdade da entidade familiar perante o Estado e a sociedade; e (ii) a liberdade individual de cada membro diante dos demais e da própria família.[233]

Assim, quando há constituição, manutenção e extinção de uma entidade familiar, está presente o princípio da liberdade. É o que também ocorre no planejamento familiar (art. 226, §7º, da Constituição),[234] que é orientado pela livre decisão do casal e pela proibição de qualquer espécie de coerção por parte de instituições privadas ou públicas, conforme a dicção da lei.[235] Outro exemplo que poderia ser citado é a possibilidade de estipulação e alteração de regime de bens pelos nubentes.[236]

---

229 TARTUCE, Flávio. Novos princípios do direito de família brasileiro. *In*: TEIXEIRA, Ana Carolina Brochado; RIBEIRO, Gustavo Pereira Leite (Coord.). *Manual de direito das famílias e das sucessões*. Belo Horizonte: Del Rey, Mandamentos, 2008. p. 45.

230 "Art. XII. Ninguém será sujeito a interferências na sua vida privada, na sua família, no seu lar ou na sua correspondência, nem a ataques à sua honra e reputação. Toda pessoa tem direito à proteção da lei contra tais interferências ou ataques".

231 OLIVEIRA, José Lamartine Correa de; MUNIZ, Francisco José Ferreira. O estado de direito e os direitos de personalidade. *Revista dos Tribunais*, São Paulo, v. 532, fev. 1980. p. 23.

232 "Art. 100. Na aplicação das medidas levar-se-ão em conta as necessidades pedagógicas, preferindo-se aquelas que visem ao fortalecimento dos vínculos familiares e comunitários. Parágrafo único. São também princípios que regem a aplicação das medidas: [...] VII - intervenção mínima: a intervenção deve ser exercida exclusivamente pelas autoridades e instituições cuja ação seja indispensável à efetiva promoção dos direitos e à proteção da criança e do adolescente".

233 LÔBO, Paulo Luiz Netto. *Famílias*. São Paulo: Saraiva, 2008. p. 47.

234 "Fundado nos princípios da dignidade da pessoa humana e da paternidade responsável, o planejamento familiar é livre decisão do casal, competindo ao Estado propiciar recursos educacionais e científicos para o exercício desse direito, vedada qualquer forma coercitiva por parte de instituições oficiais ou privadas". No mesmo sentido é o art. 1.565, §2º do Código Civil: "O planejamento familiar é de livre decisão do casal, competindo ao Estado propiciar recursos educacionais e financeiros para o exercício desse direito, vedado qualquer tipo de coerção por parte de instituições privadas ou públicas".

235 LÔBO, Paulo Luiz Netto. A repersonalização das relações de família. *Jus Navigandi*, Teresina, v. 9, n. 307, 10 maio 2004. Disponível em: http://jus.uol.com.br/revista/texto/5201. Acesso em: 3 jan. 2011.

236 "Art. 1.639. É lícito aos nubentes, antes de celebrado o casamento, estipular, quanto aos seus bens, o que lhes aprouver. §1º O regime de bens entre os cônjuges começa a vigorar desde a data do casamento. §2º É admissível alteração do regime de bens, mediante autorização judicial em pedido motivado de ambos os cônjuges, apurada a procedência das razões invocadas e ressalvados os direitos de terceiros".

A decorrência da ordem principiológica aludida é que "a manutenção do liame familiar é deixada ao livre-arbítrio dos seus membros".[237] Em outras palavras, percebe-se que o ente estatal "não tem mais o poder, nem tampouco o direito de impor (normativamente) a união familiar, como fazia anteriormente através de uma legislação petrificada",[238] conforme visto no tópico 2.3.

Vale dizer que a liberdade, em um Estado Democrático de Direito, não pode ser concebida de modo ilimitado. Desde sua gênese ela já é conformada pela solidariedade constitucional (art. 3º, inc. I, CF de 1988).[239]

Nada obstante, constata-se a existência de dispositivos da codificação civil de 2002 que, ao violarem o princípio da liberdade, são considerados inconstitucionais. O mais emblemático deles é o art. 1641, inc. II, que impõe obrigatoriamente aos maiores de setenta anos o regime de separação de bens no casamento.[240] Verificam-se na doutrina, igualmente, críticas à proibição de renúncia do direito a alimentos, estampada no art. 1.707,[241] e aos impedimentos matrimoniais, previstos no art. 1.521.[242]

---

237 OLIVEIRA, José Sebastião de. *Fundamentos constitucionais do direito de família*. São Paulo: RT, 2002. p. 281.

238 OLIVEIRA, José Sebastião de. *Fundamentos constitucionais do direito de família*. São Paulo: RT, 2002. p. 281.

239 "Art. 3º Constituem objetivos fundamentais da República Federativa do Brasil: I - construir uma sociedade livre, justa e solidária".

240 A faixa etária de setenta anos foi estabelecida pela Lei nº 12.344, de 2010, tendo havido um aumento de dez anos em relação à dicção anterior. Sobre o tema, eis as manifestações contrárias da doutrina: "O alcance da imposição é flagrantemente inconstitucional, pois afronta um punhado de princípios: o da liberdade, da igualdade e o da dignidade. Isso para citar apenas alguns. Há decisões afastando dita heresia, mas são poucas. Com a lei, tendem a desaparecer, já que devem os juízes se curvar diante da mudança. Apesar de ter sido festejada, este é o real alcance da nova lei, que tem um conteúdo dos mais retrógrados. Chancela um absurdo. Quem sabe para não frustrar a expectativa de eventuais herdeiros, que avizinham a possibilidade de receber os bens do parente que, afinal, já está velho e não tem o direito de ser feliz" (DIAS, Maria Berenice. Mais 10! *IBDFAM*. Disponível em: http://www.ibdfam.Org.br/?artigos&artigo=702. Acesso em: 3 jan. 2011).

241 "Art. 1.707. Pode o credor não exercer, porém lhe é vedado renunciar o direito a alimentos, sendo o respectivo crédito insuscetível de cessão, compensação ou penhora". Sobre o tema, Leonardo Barreto Moreira Alves afirma: "Ora, não permitir que pessoas maiores e capazes decidam se abrem mão do direito a alimentos que titularizam ou não significa, sem sombra de dúvidas, desrespeito ao exercício da sua liberdade, do seu poder de autodeterminação. Se o próprio consorte alega que não necessita dos alimentos após a separação judicial, provavelmente em virtude de possuir condições financeiras para arcar com o seu próprio sustento, por que motivo o Estado haveria de interferir no âmago familiar, contrariando a vontade dos seus componentes, infantilizando-os?" (ALVES, Leonardo Barreto Moreira. *Direito de família mínimo*: a possibilidade de aplicação e o campo de incidência da autonomia privada no direito de família. Rio de Janeiro: Lumen Juris, 2010. p. 210). Em sentido contrário,

2.4.1.1 A cláusula geral de reserva de intimidade

Conforme delineado no tópico anterior, o art. 1.513 da codificação civil brasileira consigna o imperativo de não intervenção na comunhão de vida. Tendo isso presente, importa salientar que a doutrina sustenta a existência de uma cláusula geral de reserva de intimidade nesse mesmo dispositivo. É o que ensina Silvana Maria Carbonera:

> Em larga medida, tem-se no texto legal o que se poderia denominar de uma cláusula geral de reserva de intimidade, uma efetiva tutela que não implica necessariamente intervenção, tem como norte as diretivas gerais constitucionais e como objetivo a produção e o implemento de condições para o desenvolvimento das personalidades de cada um dos cônjuges num espaço relacional.[243]

O direito à intimidade, por conta de sua relevância, está disciplinado na Constituição de 1988.[244] Quando concebida na esfera familiar, a intimidade se torna condição para o livre desenvolvimento da pessoa, segundo as lições de Pietro Perlingieri.[245]

Logo, como já dito neste capítulo, não deve o legislador adentrar no conteúdo pessoal da relação jurídica familiar. Essa relação pertence à esfera íntima dos sujeitos e, portanto, deve ser resguardada.[246]

---

ver: FACHIN, Luiz Edson. *Direito de família*: elementos críticos à luz do novo Código Civil brasileiro. Rio de Janeiro: Renovar, 2003. p. 302-303.

242 "Art. 1.521. Não podem casar: I - os ascendentes com os descendentes, seja o parentesco natural ou civil; II - os afins em linha reta; III - o adotante com quem foi cônjuge do adotado e o adotado com quem o foi do adotante; IV - os irmãos, unilaterais ou bilaterais, e demais colaterais, até o terceiro grau inclusive; V - o adotado com o filho do adotante; VI - as pessoas casadas; VII - o cônjuge sobrevivente com o condenado por homicídio ou tentativa de homicídio contra o seu consorte. Para Ana Carolina Brochado Teixeira e Renata de Lima Rodrigues, os impedimentos matrimoniais devem ser privatizados, uma vez que "o verdadeiro interesse público existente em seu interior é a ampla realização da dignidade dos componentes da família" (TEIXEIRA, Ana Carolina Brochado; RODRIGUES, Renata de Lima. *O direito das famílias entre a norma e a realidade*. São Paulo: Atlas, 2010. p. 112).

243 CARBONERA, Silvana Maria. *Reserva de intimidade*: uma possível tutela da dignidade no espaço relacional da conjugalidade. Rio de Janeiro: Renovar, 2008. p. 268-269.

244 "Art. 5º [...] X - São invioláveis a intimidade, a vida privada, a honra e a imagem das pessoas, assegurado o direito a indenização pelo dano material ou moral decorrente de sua violação".

245 PERLINGIERI, Pietro. *O direito civil na legalidade constitucional*. Tradução de Maria Cristina de Cicco. Rio de Janeiro: Renovar, 2008. p. 850.

246 CARBONERA, Silvana Maria. *Reserva de intimidade*: uma possível tutela da dignidade no espaço relacional da conjugalidade. Rio de Janeiro: Renovar, 2008. p. 297.

A intervenção estatal se torna danosa por constranger os cidadãos, prejudicando o desenvolvimento da personalidade destes.[247] Ademais, deve-se ter claro que a exposição dos envolvidos no litígio familiar em nada contribui para a melhoria da sociedade e do ente estatal.

Diante dessas constatações, parece correto o entendimento de que, nas questões envolvendo intimidade, "o fio norteador exclusivo deve ser a autonomia privada",[248] princípio que será analisado em seguida.

2.4.2 O princípio da autonomia privada

O princípio da liberdade no campo do direito de família, anteriormente exposto, possui estreita relação com o princípio da autonomia privada.[249] Importa salientar que autonomia privada, comumente relacionada na esfera do direito obrigacional, possui dimensões amplas, as quais alcançam inclusive o direito de família. Nesse sentido, nota-se:

> a expressão "autonomia privada" deve ser entendida não mais apenas como liberdade contratual, sob uma acepção patrimonialista, mas no seu sentido mais amplo: como a manifestação do poder da vontade individual, ou melhor, como a manifestação da vontade do sujeito de direitos em relação a todos os atos da vida civil, sejam patrimoniais ou não patrimoniais.[250] [251]

A fundamentação dos atos de autonomia, conforme assevera Ana Carolina Brochado Teixeira, dependerá do tipo de situação: se for patrimonial, a fundamentação terá assento no princípio da livre iniciativa (art. 170, Constituição Federal); se existencial, no princípio

---

[247] CARBONERA, Silvana Maria. *Reserva de intimidade*: uma possível tutela da dignidade no espaço relacional da conjugalidade. Rio de Janeiro: Renovar, 2008. p. 270.

[248] TEIXEIRA, Ana Carolina Brochado. *Saúde, corpo e autonomia privada*. Rio de Janeiro: Renovar, 2010. p. 171.

[249] TARTUCE, Flávio. Novos princípios do direito de família brasileiro. *In*: TEIXEIRA, Ana Carolina Brochado; RIBEIRO, Gustavo Pereira Leite (Coord.). *Manual de direito das famílias e das sucessões*. Belo Horizonte: Del Rey, Mandamentos, 2008. p. 45.

[250] MORAES, Maria Celina Bodin de. Uma aplicação do princípio da liberdade. *In*: MORAES, Maria Celina Bodin de. *Na medida da pessoa humana*: estudos de direito civil-constitucional. Rio de Janeiro: Renovar, 2010. p. 191.

[251] Também: "A autonomia privada não existe apenas em sede contratual, mas também na ótica familiar. Quando escolhemos, na *escalada do afeto* (conceito de Euclides de Oliveira), com quem ficar, com quem namorar ou com quem casar, estamos falando em autonomia privada" (TARTUCE, Flávio. *Direito civil*: direito de família. 4. ed. Rio de Janeiro: Forense; São Paulo: Método, 2010. v. 5. p. 41).

da dignidade da pessoa humana (art. 1º, III, CF) e da liberdade (art. 5º, *caput*, CF).[252]

Além disso, vale dizer que a autonomia no campo familiar é concebida a partir de uma noção não publicista da família,[253] segundo a qual "reconhecer a família, contudo, não é apenas abrir-lhe espaço nas constituições e nos códigos, para, depois, sujeitá-la a regras de organização e funcionamento. É, antes, assegurar a sua faculdade de autonomia e, portanto, de auto-regramento".[254]

Para Leonardo Barreto Moreira Alves, o afeto possibilitaria o exercício da autonomia privada por parte dos membros da família, de maneira que cada indivíduo desfrute da liberdade necessária para realizar a sua própria dignidade, seu projeto pessoal de felicidade.[255]

É certo que a autonomia privada encontra limites delineados pelo ordenamento jurídico brasileiro. Assim como ocorre com seus fundamentos, também os limites desse princípio devem ser entendidos segundo a natureza existencial ou patrimonial da situação jurídica. Enquanto para esta o limite interno colocado será a solidariedade (exteriorizada pela função social), para aquela o limite será vincado pelos aspectos existenciais da solidariedade.[256]

Impende ressaltar que, embora seja desejada a redução da intervenção estatal, existem hipóteses excepcionais em que o Estado deverá desempenhar um papel ativo de ingerência na seara da família:

> Em verdade, o Estado somente deve interferir no âmbito familiar para efetivar a promoção dos direitos fundamentais dos seus membros – como a dignidade, a igualdade, a liberdade, a solidariedade, etc. –, e, contornando determinadas distorções, permitir o próprio exercício da autonomia privada dos mesmos, o desenvolvimento de sua personalidade e o alcance da felicidade pessoal de cada um deles, bem como a manutenção do núcleo afetivo. Em outras palavras, o Estado apenas

[252] TEIXEIRA, Ana Carolina Brochado. *Saúde, corpo e autonomia privada*. Rio de Janeiro: Renovar, 2010. p. 141.

[253] PERLINGIERI, Pietro. *O direito civil na legalidade constitucional*. Tradução de Maria Cristina de Cicco. Rio de Janeiro: Renovar, 2008. p. 1022-1023.

[254] VILLELA, João Baptista. Repensando o direito de família. *In*: PEREIRA, Rodrigo da Cunha (Coord.). *Repensando o direito de família*. Belo Horizonte: Del Rey, 1999. p. 19.

[255] ALVES, Leonardo Barreto Moreira. *Direito de família mínimo*: a possibilidade de aplicação e o campo de incidência da autonomia privada no direito de família. Rio de Janeiro: Lumen Juris, 2010. p. 139.

[256] TEIXEIRA, Ana Carolina Brochado. *Saúde, corpo e autonomia privada*. Rio de Janeiro: Renovar, 2010. p. 185.

deve utilizar-se do Direito de Família quando essa atividade implicar uma autêntica melhora na situação dos componentes da família.[257]

Logo, quando a situação familiar envolver sujeitos vulneráveis, se dará a "retirada do plano da vontade para migrar para a esfera dos deveres, da solidariedade",[258] no dizer de Ana Carolina Brochado Teixeira e Renata de Lima Rodrigues. Prosseguem as autoras nesse raciocínio afirmando que, "por um comando da igualdade substancial, pode se fazer necessário que o Estado intervenha, para garantir a dignidade da pessoa em condições de vulnerabilidade".[259]

São presumidamente vulneráveis, segundo os ditames constitucionais,[260] crianças, adolescentes e idosos.[261] A mulher, especialmente devido aos lamentáveis incidentes de violência doméstica, também recebe tutela diferenciada do Estado por meio da Lei Maria da Penha (nº 11.340/2006), norma esta que densifica o art. 226, §8º, da Carta Magna.[262]

Outro ponto que merece destaque diz respeito à autonomia privada das pessoas com deficiência em seus relacionamentos afetivos. A Lei nº 13.146/2015, chamada de Estatuto da Pessoa com Deficiência, no seu art. 85, parágrafo primeiro, prevê o pleno exercício de constituir

---

[257] ALVES, Leonardo Barreto Moreira. *Direito de família mínimo*: a possibilidade de aplicação e o campo de incidência da autonomia privada no direito de família. Rio de Janeiro: Lumen Juris, 2010. p. 145.

[258] TEIXEIRA, Ana Carolina Brochado; RODRIGUES, Renata de Lima. *O direito das famílias entre a norma e a realidade*. São Paulo: Atlas, 2010. p. 105.

[259] TEIXEIRA, Ana Carolina Brochado; RODRIGUES, Renata de Lima. *O direito das famílias entre a norma e a realidade*. São Paulo: Atlas, 2010. p. 105.

[260] "Art. 227. É dever da família, da sociedade e do Estado assegurar à criança, ao adolescente e ao jovem, com absoluta prioridade, o direito à vida, à saúde, à alimentação, à educação, ao lazer, à profissionalização, à cultura, à dignidade, ao respeito, à liberdade e à convivência familiar e comunitária, além de colocá-los a salvo de toda forma de negligência, discriminação, exploração, violência, crueldade e opressão (Redação dada pela Emenda Constitucional nº 65, de 2010) [...]"; e "Art. 230. A família, a sociedade e o Estado têm o dever de amparar as pessoas idosas, assegurando sua participação na comunidade, defendendo sua dignidade e bem-estar e garantindo-lhes o direito à vida. §1º Os programas de amparo aos idosos serão executados preferencialmente em seus lares. §2º Aos maiores de sessenta e cinco anos é garantida a gratuidade dos transportes coletivos urbanos".

[261] TEIXEIRA, Ana Carolina Brochado; RODRIGUES, Renata de Lima. *O direito das famílias entre a norma e a realidade*. São Paulo: Atlas, 2010. p. 106.

[262] "Art. 226. [...] §8º O Estado assegurará a assistência à família na pessoa de cada um dos que a integram, criando mecanismos para coibir a violência no âmbito de suas relações". Sobre o tema, consultar: MORAES, Maria Celina Bodin de. Vulnerabilidades nas relações de família: o problema da desigualdade de gênero. *Cadernos da Escola Judicial do TRT da 4ª Região*, v. 3, p. 20-33, 2010.

família, seja por meio do casamento seja por união estável.[263] O regime de eventual curatela só alcança aspectos patrimoniais.

2.5 Notas derradeiras sobre o direito de família mínimo

Em síntese, pode-se dizer que a autonomia privada deve ser a regra geral para a condução das situações ocorridas no seio da conjugalidade. Contudo, havendo vulnerabilidade de um de seus membros, o Estado deverá intervir com vistas a garantir a dignidade da pessoa que se encontra em condições vulneráveis. Do plano da vontade transmuta-se para o plano dos deveres impostos pela solidariedade constitucional.[264]

Observa-se, portanto, que os princípios da autonomia e da dignidade da pessoa humana estão intimamente ligados, uma vez que "o princípio moderno da dignidade exige que todos os indivíduos sejam igualmente respeitados em suas liberdades, para que possam, autonomamente, construir-se a si mesmos, a agir segundo seus próprios valores".[265]

Na mesma esteira, frise-se que, diferentemente do que ocorre na relação contratual – em que a autonomia privada deve ser mitigada para a promoção da dignidade da pessoa humana[266] –, no campo do direito de família é o exercício da autonomia privada que garante o respeito à vida digna.

Na questão específica do contrato de namoro, assim como nos demais casos de conjugalidade, caberia tão só às partes envolvidas resolver autonomamente os rumos do relacionamento, consoante lição a seguir:

---

263 XAVIER, Marilia Pedroso; PUGLIESE, William Soares. Direito das pessoas com deficiência psíquica e intelectual nas relações privadas: convenção sobre os direitos da pessoa com deficiência e Lei Brasileira de Inclusão. *In:* MENEZES, Joyceane Bezerra de. (Org.). *O Estatuto da Pessoa com Deficiência e a União Estável*: primeiras reflexões. Rio de Janeiro: Processo, 2016. v. 1. p. 363-385.

264 TEIXEIRA, Ana Carolina Brochado; RODRIGUES, Renata de Lima. *O direito das famílias entre a norma e a realidade*. São Paulo: Atlas, 2010. p. 105.

265 TEIXEIRA, Ana Carolina Brochado. *Saúde, corpo e autonomia privada*. Rio de Janeiro: Renovar, 2010. p. 194.

266 NALIN, Paulo. *Do contrato*: conceito pós-moderno (em busca de sua formulação na perspectiva civil-constitucional). 2. ed. Curitiba: Juruá, 2006 e NALIN, Paulo. A autonomia privada na legalidade constitucional. *In*: NALIN, Paulo (Coord.). *Contrato & sociedade*. Curitiba: Juruá, 2006. v. 2. p. 13-45.

> Com uma atuação não interventora mas vigilante, o sistema jurídico permite implementar o respeito à dignidade da pessoa humana na dimensão familiar conjugal na medida em que reconhece aos sujeitos liberdade e autonomia, não intervindo em aspectos pessoais que impliquem restrição injustificada, sem respaldo constitucional, e dispensável, posto que se trata de uma relação entre dois adultos, que em tese já podem dirigir suas vidas.[267]

A evolução da doutrina civilista tem revelado, pelas razões já expostas, que nessa matéria a consciência individual dos sujeitos envolvidos não pode ser substituída pela ingerência estatal, sob pena de promover "a desresponsabilização e a infantilização dos indivíduos, reduzindo-se, na mesma proporção, o nível de liberdade na sociedade".[268]

Portanto, a atuação do Estado deve ser pautada pela figura de "um pai diligente nos cuidados com os filhos: nem proteção excessiva que não permita amadurecimento e tampouco ausência completa, que expõe a riscos e excessos".[269] A regra de ouro estaria em "atribuir ao Estado a garantia e ao homem a construção da família".[270]

267 CARBONERA, Silvana Maria. *Reserva de intimidade*: uma possível tutela da dignidade no espaço relacional da conjugalidade. Rio de Janeiro: Renovar, 2008. p. 271.

268 MORAES, Maria Celina Bodin de. Uma aplicação do princípio da liberdade. *In*: MORAES, Maria Celina Bodin de. *Na medida da pessoa humana*: estudos de direito civil-constitucional. Rio de Janeiro: Renovar, 2010. p. 189.

269 CARBONERA, Silvana Maria. *Reserva de intimidade*: uma possível tutela da dignidade no espaço relacional da conjugalidade. Rio de Janeiro: Renovar, 2008. p. 271.

270 VILLELA, João Baptista. Liberdade e família. *Revista da Faculdade de Direito da UFMG*, Belo Horizonte, 1985. p. 40.

CAPÍTULO 3

O CONTRATO DE NAMORO

3.1 Considerações iniciais sobre o contrato de namoro

> *Tenho insistido com meus pacientes descasados: 'Namorem primeiro!*
> *Declarem o estado de test drive! Utilizando a metáfora da compra do carro, penso que o namoro deve ser um período laboratorial, experimental de uma relação, como o período em que se dirige um carro para testá-lo, para saber se não houve propaganda enganosa, para não comprá-lo às cegas. Vamos acabar com o namoro pacote-fechado, cheio de regras de devoção, primeiro passo de uma linha de montagem inexorável que acaba em casamento. Que os namorados pensem juntos nas cláusulas de um contrato de namoro feito sob medida para eles. E que esse contrato seja leve.*
>
> (Francisco Daudt da Veiga)

Conforme demonstrado no primeiro capítulo, a liquefação da sociedade provocou expressivas transformações na configuração dos relacionamentos afetivos contemporâneos.

Sendo essencialmente marcada pelo triunfo do consumo como política de vida, a sociedade atual convive com parcerias conjugais que tendem a ser pautadas por sensos de imediatismo e hedonismo. A tradicional visão romantizada "até que a morte os separe" é substituída pela possibilidade de revogação do laço afetivo a qualquer momento.

Fundados em uma premissa de comprometimento *light*, esses novos arranjos valorizam a satisfação das pessoas no tempo presente, independentemente de quais serão os desdobramentos futuros – se é que existirão.

Em síntese, pode-se dizer que nessas espécies de relacionamento a prioridade está, egoisticamente, na satisfação de expectativas pessoais de cada indivíduo que compõe o casal e não na construção de um projeto familiar comum. De acordo com a psicóloga Terezinha Féres-Carneiro, o fascínio e a dificuldade de ser casal está na contemplação concomitante de duas individualidades e uma conjugalidade. Em outras palavras, "Como ser dois sendo um? Como ser um sendo dois? Na lógica do casamento contemporâneo, um e um são três, na expressão de Philippe Caillé".[271]

Diante disso, importa salientar a advertência feita por Luiz Edson Fachin de que aquele que observar os novos álbuns de família se defrontará com novos afazeres epistemológicos e certos paradoxos. Ainda, segundo o jurista, o modelo contemporâneo de família poderia ser definido como a ausência de um único modelo.[272]

A despeito dessa ordem de ideias, expressiva parcela da doutrina civilista brasileira ainda insiste em cultuar um viés tradicionalista, um conservadorismo que impede o reconhecimento jurídico de situações familiares que já estão disseminadas no plano da realidade fática. Defende esta facção resistente a mudanças que cabe à sociedade se adaptar aos ditames do direito. As ações devem ser levadas a efeito sempre de modo a preencher a moldura estabelecida pela norma.

Nesta obra, procurou-se romper com a mencionada diretriz. Entende-se, ao contrário, que é preciso dar relevo à força construtiva dos fatos.[273] Toma-se, portanto, uma postura progressista, a qual, no dizer de Orlando Gomes, exige do jurista sensibilidade política para

---

[271] FÉRES-CARNEIRO, Terezinha. *Casamento contemporâneo*: o difícil convívio da individualidade com a conjugalidade. Disponível em: http://www.scielo.br/scielo.php?script=sci_arttext&pid=S0102-79721998000200014&lng=pt &nrm=iso&tl. Acesso em: 15 dez. 2010.

[272] Afinal, "Convivem, para ilustrar, na família sociológica plural, o *living apart togheter*, o *long-distance marriage* e a concepção eudemonista da família" (FACHIN, Luiz Edson. Da função pública ao espaço privado: aspectos da "privatização" da família no projeto do "Estado Mínimo". *In*: MARQUES NETO, Agostinho Ramalho *et al*. *Direito e neoliberalismo*: elementos para uma leitura interdisciplinar. Curitiba: EDIBEJ, 1996. p. 150).

[273] Sobre o tema consultar as seguintes obras: FACHIN, Luiz Edson. *Teoria crítica do direito civil*. 2. ed. Rio de Janeiro: Renovar, 2003; RAMOS, Carmen Lucia Silveira. *Família sem casamento*: de relação existencial de fato a realidade jurídica. Rio de Janeiro: Renovar, 2000 e MORIN, Gaston. *La revolte du droit contre le code*. Paris: Libraire du Recueil, 1945.

que se dê a eliminação do fosso existente entre a forma jurídica e a realidade social.[274]

O contrato de namoro está em plena sintonia com os preceitos da sociedade líquido-moderna, em especial, com o amor líquido. Nada obstante, quando o tema começou a ser pesquisado por esta autora, verificou-se que a doutrina pátria, em sua maioria, limitava-se a fornecer posicionamentos maniqueístas que concluíam pela absoluta nulidade desse negócio jurídico, independentemente da análise de qualquer aspecto (social ou jurídico).[275] À época, percebia-se a ausência de uma postura aberta ao debate, que admitisse, ao menos em tese, tal possibilidade. Ainda, as menções ao tema do contrato de namoro encontradas em manuais de direito de família não raro se limitavam à existência de alguns poucos parágrafos, quando muito, trazendo um enfoque superficial e conclusões pouco fundamentadas.

Hoje em dia, percebe-se uma grande mudança de cenário. O contrato de namoro tem sido abordado de forma cada vez mais frequente nos manuais de direito das famílias. Em alguns deles, inclusive, é dedicado um tópico próprio. Em outros, é tratado juntamente com o tema da união estável e do namoro qualificado (no sentido de diferenciá-los). Mas, mais do que isso, a contemporaneidade revela importantes vozes em defesa do contrato de namoro, como Rodrigo da Cunha Pereira e Conrado Paulino da Rosa.[276]

Tendo em mente este panorama de mudanças em curso, no tópico a seguir serão abordadas as diversas fases pelas quais passou o debate sobre o contrato de namoro. Após uma fase inicial de rechaço, identificou-se uma fase de aceitação do instituto no meio jurídico, ao

---

[274] GOMES, Orlando. A função renovadora do direito. *Revista de Direito da UFPR*, Curitiba, 1969. v. 12. p. 39.

[275] Por todos ver: CONTRATO para preservar bens durante o namoro é nulo. *IBDFAM*. Disponível em: http://www.ibdfam.org.br/?noticias&noticia=922. Acesso em: 18 dez. 2010.

[276] Rodrigo da Cunha Pereira afirma que o contrato de namoro "tornou-se um instrumento de proteção à vontade das partes" (PEREIRA, Rodrigo da Cunha. *Direito das famílias*. 2. ed. Rio de Janeiro: Forense, 2021. p. 48), bem como Conrado Paulino da Rosa admite a validade do contrato de namoro. Este último destaca que, "com a realização da pactuação, seja por instrumento público ou particular, nenhum dos integrantes do relacionamento afetivo ficará aflito quando da sua eventual ruptura na expectativa de que o outro ingresse com ação de reconhecimento e dissolução de união estável a qual, como se sabe, inúmeras vezes é usada como instrumento de vingança. Outro fator é o de que, em havendo óbito de um dos namorados, o sobrevivente não terá nenhum direito à pensão previdenciária, nem qualquer direito sucessório" (ROSA, Conrado Paulino da. *Direito de família contemporâneo*. 8. ed. Salvador: JusPodivm, 2021. p.160-163.)

passo que atualmente o debate se encontra em uma fase promocional e de incentivo à sua utilização.

É certo que a invisibilidade jurídica que permeava esse tema não encontra mais respaldo no cenário jurídico contemporâneo por conta da relevância assumida pelo namoro (e o decorrente contrato) no plano da realidade fática. Afinal, em todo o planeta, "viver junto" parece nunca ter sido tão popular como é hoje. De acordo com o Censo estadunidense do ano 2000, mais de 10,8 milhões de pessoas, embora não sejam casadas, residem juntamente com seus pares.[277] Este número representa um aumento de 72% em relação aos dados obtidos em 1990. Em estudo publicado em 2019 pela agência de recenseamento estadunidense,[278] em levantamento feito entre os anos de 1996 e 2017, foi possível perceber que o número de casais que moram juntos sem estar casados quase triplicou em duas décadas, indo de 6 milhões para 17 milhões de pessoas, representando aproximadamente 7% da população adulta total. Ainda, este mesmo estudo revelou que os casais não casados agora são de uma faixa etária mais velha, com maior diversidade racial e grau de instrução com probabilidade de receber salários mais altos.

Também, ressalta-se que o número total de casais idosos não matrimonializados que coabitam triplicou neste mesmo período e permanece em franca ascensão. A magnitude dessa transformação comportamental é tão grande que, estatisticamente, um cidadão americano passa mais tempo de sua vida sem estar casado.[279]

---

277 IHARA, Toni; WARNER, Ralph; HERTZ, Frederick. *Living together*: a legal guide for unmarried couples. 14. ed. Berkeley: Nolo, 2008. p. 2.

278 GURRENTZ, Benjamin. Cohabitation over the last 20 years: measuring and understanding the changing demographics of unmarried partners, 1996-2017. *United States Census Bureau*, 10-13 abr. 2019. Disponível em: https://www.census.gov/content/dam/Census/library/working-papers/2019/demo/sehsd-wp2019-10.pdf. Acesso em 30 abr. 2022; GURRENTZ, Benjamin. Cohabiting partners older, more racially diverse, more educated, higher earners. *United States Census Bureau*, 23 set. 2019. Disponível em: https://www.census.gov/library/stories/2019/09/unmarried-partners-more-diverse-than-20-years-ago.html?utm_campaign=20190923msacos1ccstors&utm_medium=email&utm_source=govdelivery. Acesso em: 30 abr. 2022.

279 Esse aumento do número de casais que optam por viver junto sem se casar faz com que se pergunte quais seriam as razões que motivariam tal postura. Evidentemente, não há uma resposta unívoca para esse questionamento, sendo apenas possível aventar algumas causas sem pretensão de esgotar o assunto. De acordo com Toni Ihara, Ralph Warner e Frederick Hertz, pode-se afirmar que muitas pessoas simplesmente não reconhecem a necessidade de que o compromisso firmado seja tutelado pelo Estado. Outros imaginam este período como um teste prévio ao casamento. Alguns evitam o casamento porque passaram por um divórcio conturbado. Os mais jovens que habitam em áreas urbanas muito caras moram com os parceiros para reduzir o custo de vida doméstico. Uma crescente minoria opta por não casar para não prestigiar uma instituição que exclui casais do mesmo sexo. E o número

Ora, considerando este cenário e as consequências que daí podem advir, conforme se verá, o estudo da regulação patrimonial dos casais que namoram impõe-se como algo primordial. No entanto, por conta da ausência de uma cultura contratual no direito de família pátrio, o tema central desta obra enfrenta grandes resistências. Principalmente se comparado a outros países, como os Estados Unidos da América, percebe-se um constrangimento implícito na postura do cidadão brasileiro ao tratar dos seus bens. Muitos parceiros têm receio de iniciar uma discussão sobre esse assunto com o seu par. Nada obstante, esse temor é infundado, tendo em vista que quando se compreendem as repercussões jurídicas os casais podem tomar decisões bem informadas sobre como estruturar a vida e as finanças da forma que melhor lhes convier. Nesse sentido, alerta a psicóloga Cleide Guimarães que a questão financeira afeta sobremaneira a manutenção dos relacionamentos, sendo um dos grandes motivos de rompimento.[280]

3.2 Contrato de namoro: do vilanismo ao protagonismo

A partir de meados de 2002,[281] começam a ser veiculadas reportagens sobre uma nova figura jurídica chamada "contrato de namoro". Jornais e revistas anunciam uma nova moda na regulação patrimonial entre casais.[282] Em grande medida, a notoriedade deste negócio jurídico deveu-se ao fato de que muitas personalidades importantes da sociedade brasileira aderiram a este instrumento. Além de diversos empresários

---

de casais com idade superior a 45 anos, que cresce rapidamente – mais de um quinto de todos os casais que não estejam casados são desta categoria –, costumam ter preocupações financeiras que os levam a fazer essa escolha. Por exemplo, por não casar eles não se tornam legalmente obrigados a custear o tratamento médico do parceiro e também reduzem o risco de pagar taxas de benefícios do Seguro Social. Por não casar, muitos evitam complexas questões sucessórias como filhos de um casamento anterior ou a propriedade de bens muito valiosos. Por fim, as mudanças sociais de atitude e valores reduziram o estigma do "morar junto"; esta prática não é mais considerada rara nem imoral como era vinte e cinco anos atrás (IHARA, Toni; WARNER, Ralph; HERTZ, Frederick. *Living together*: a legal guide for unmarried couples. 14. ed. Berkeley: Nolo, 2008. p. 2-3).

280 GUIMARÃES, Cleide. *Até que o dinheiro nos separe*: a questão financeira nos relacionamentos. São Paulo: Saraiva, 2010.

281 OYAMA, Thais. Amor S/A. Homens precavidos estão assinando "contratos de não-compromisso" com namoradas. *Revista Veja*, São Paulo, ed. 1746, 10 abr. 2002.

282 CLEMENTE, Isabel. Contrato de namoro. Você faria? *Revista Época*. Disponível em: http://colunas.epoca.globo.com/mulher7por7/2010/07/07/contrato-de-namoro-voce-faria/. Acesso em: 16 dez. 2010.

bem-sucedidos, cita-se como exemplo o ex-Presidente do Banco Central brasileiro Henrique de Campos Meirelles.[283]

Quando a presente obra foi escrita, o tema padecia de uma severa lacuna doutrinária. Até porque, nas raras vezes em que era aludido, optava-se em geral por repetir que o instrumento era nulo. Isso porque teria como única finalidade afastar de modo fraudulento normas jurídicas cogentes.

Em relação ao tratamento do tema pela jurisprudência, mesmo em 2022, ainda não se sabe precisar com exatidão quantas vezes o tema foi analisado pelos magistrados. Essa impossibilidade decorre do imperativo de tramitação em segredo de justiça na seara familiar.

Nos últimos anos, diante do protagonismo que o tema ganhou e, também, de entendimentos jurisprudenciais recentes, percebe-se a adequação do contrato de namoro como uma ferramenta jurídica importantíssima para o planejamento afetivo, patrimonial e sucessório do casal. Tal evolução será abordada a seguir.

3.2.1 Fase do rechaço: o contrato de namoro é um aborto jurídico?

Até o ponto em que se tem notícia, a primeira referência jurisprudencial sobre o contrato de namoro foi a Apelação Cível nº 70006235287, do Tribunal de Justiça do Rio Grande do Sul, julgada em 16.6.2004, pela Sétima Câmara Cível. Do voto do Des. Rel. Luiz Felipe Brasil Santos, extrai-se o seguinte excerto que dá nome a esta reflexão: "[...] contratos de namoro, esses abortos jurídicos que andam recentemente surgindo por aí [...]".

Importa ressaltar que foi a partir desse pronunciamento que vários escritos[284] passaram a afirmar com veemência que o contrato de namoro seria nulo de pleno direito, porque teria como única finalidade afastar

[283] "Aliás, acabo de ler a escritura pública de pacto de convivência, lavrada no cartório do 26º Ofício de São Paulo, entre Eva Missine, alemã, médica, e Henrique de Campos Meirelles, brasileiro, engenheiro, solteiro. Eles dizem, no dito contrato, que convivem, mas apenas isso, não formam, de jeito algum, uma união estável. Henrique, o varão, é nosso atual presidente do Banco Central" (VELOSO, Zeno. *União estável*: requisitos. Disponível em: www.soleis.com.br. Acesso em: 15 dez. 2010).

[284] Em homenagem aos ditames de elegância acadêmica e da pretensão de afastamento de qualquer espécie de "pessoalização" do debate, deixa-se de mencionar expressamente tais textos. Porém, é certo que o leitor não encontra dificuldade em localizá-los, eis que estabelecem verdadeira relação de causa e efeito entre o julgado e a tese de nulidade do contrato de namoro.

de modo fraudulento normas jurídicas cogentes. Ocorre que esse não foi o prisma de análise do julgado. Lamentavelmente, o acórdão parece ter sido mais citado do que efetivamente lido e compreendido. Por isso, seu exame se faz importante até mesmo para desfazer falsas crenças.

Antes, porém, cabe uma importante advertência metodológica: o julgado em comento é extremamente rico em argumentação e fundamentação. As matérias foram debatidas com rigor, após ampla dilação probatória e, como já se espera em temas sensíveis, o resultado foi proclamado por maioria (e não por unanimidade). Para além de todo o esmero dos eminentes magistrados, também ganhou destaque o trabalho dos advogados das partes. Nas palavras do Des. José Carlos Teixeira Giorgis: "[...] este é um processo como poucos, porque é raro encontrarmos num feito um trabalho tão profícuo, profundo e dedicado de ambos os advogados". E prossegue o desembargador: "[s]eja qual for o vitorioso, ambos merecem elogios pela dedicação à causa e pela produção do trabalho notável, o que, em contrapartida, também exige do julgador uma dedicação maior". Diante de tantos caminhos que poderiam ser percorridos para analisar o recurso de apelação, nos concentraremos na verticalização dos aspectos atinentes ao tema já enunciados no título.

A demanda aforada por Marinês pretendia declarar a existência de união estável com Carlos, decretar sua dissolução, partilhar os bens amealhados no período compreendido entre 1990 e 1999 e fixar alimentos. Em primeiro grau, a magistrada julgou procedente o pedido para reconhecer a união estável entre as partes pelo período de nove anos, determinando a partilha dos bens e estabelecendo alimentos em favor de Marinês.

Porém, em segundo grau foi dado provimento ao apelo para afastar o reconhecimento da união estável e os consequentes efeitos patrimoniais. Como já dito, o julgamento foi por maioria. Para o Des. Rel. Luiz Felipe Brasil Santos, cujo entendimento foi acompanhado pelo Des. José Carlos Teixeira Giorgis, é absolutamente inequívoco que as partes mantiveram um relacionamento afetivo de longa duração, mas que não se revestiu das características típicas de uma entidade familiar, não tendo havido comunhão plena de vidas.

Aqui, cabe lembrar que a união estável é reconhecida pela Constituição Federal de 1988, em seu art. 226, §3º, como entidade familiar. Já o art. 1.723 do Código Civil prevê que um relacionamento afetivo, para que seja considerado uma união estável, deverá preencher os seguintes requisitos: "convivência pública, contínua e duradoura e estabelecida com o objetivo de constituição de família".

Uma nota importante para a compreensão do caso: Marinês e Carlos eram solteiros, não havendo nenhuma lógica em cogitar se o relacionamento seria concubinário (nos moldes do art. 1.727 do Código Civil), uma vez que ambos eram plenamente desimpedidos para, querendo, se casarem.

Os fundamentos que levaram os julgadores a afastar a constituição da união estável estão especialmente centrados na ausência de publicidade e de objetivo de constituir família. Quanto ao fato de a união ser contínua e duradoura, entendeu-se que, apesar das alegações de terem existido períodos de afastamento, o relacionamento foi bastante longevo, alcançando quase uma década. No que toca à ausência de publicidade e de objetivo de constituir família, foi consignado que o casal nunca coabitou, não manteve conta corrente ou poupança em conjunto, não figuravam como dependentes no imposto de renda ou plano de saúde do outro, não eram apresentados na sociedade como companheiros em união estável e mantinham vidas independentes apesar do relacionamento afetivo. Nesse sentido, destaca-se um elemento probatório acostado aos autos: a declaração do pároco da igreja que Carlos frequentava por mais de vinte anos no sentido de que, quando questionava o fiel sobre casamento, ouvia de Carlos que ainda não teria encontrado a mulher ideal para constituir família.

O que mais chama atenção no acórdão é o que serve, nas palavras do próprio Des. Luiz Felipe Brasil Santos, de "inspiração, norte e até de filosofia" no enfoque do "cipoal de provas deste processo". O relator afirma, com acerto, que examinará os autos a partir da seguinte mentalidade:

> [...] devemos, antes e acima de tudo, respeitar a opção pessoal das pessoas, a liberdade individual de cada um constituir a forma de relacionamento que melhor lhe aprouver, indagando, com muita cautela, as razões pelas quais essas pessoas teriam optado por não casar, podendo fazê-lo, mas não o fazendo. E, por isso, só reconhecendo a união estável em situações em que ela esteja palpitante na prova dos autos, nunca em situações dúbias, em situações contraditórias ou em situações em que a prova se mostre dividida, porque aí vamos estar fazendo como João Baptista Villela refere: casando de ofício quem não o fez motu próprio.

Baseado em tais premissas, reformou a decisão exarada em primeiro grau e afastou a caracterização da união estável ante a ausência da comunhão plena de vida e dos elementos constantes no art. 1.723 do Código Civil.

Pois bem, compreendidas as linhas mestras da decisão, cabe então indagar: as partes pactuaram contrato de namoro? O Tribunal de Justiça do Rio Grande do Sul considerou o instrumento como elemento de prova para entender pela não configuração da união estável?

A resposta para os questionamentos acima é não. O julgamento em comento não enfrentou a questão do contrato de namoro por uma razão bem simples e óbvia: as partes não o pactuaram. Em nenhum momento dos autos há qualquer menção sobre tal instrumento.

Ocorre que no afã de explicitar a cautela que deve guiar a magistratura em decisões como aquela, no sentido de evitar ao máximo uma indevida intromissão do Estado-Juiz na vida privada das pessoas, o julgador assim asseverou:

> É isso que não desejo realizar nunca, porque tenho certeza de que não estarei colaborando para o afeto, não estarei colaborando para a realização espontânea do amor, da autonomia de vontades; pelo contrário, estarei colaborando para a proliferação do medo, para o resguardo das pessoas sob a forma de contratos de namoro, esses abortos jurídicos que andaram recentemente surgindo por aí, que são nada mais do que o receio de que um namoro espontâneo, natural, simples e singelo, resultante de um afeto puro, acabe transformando-se em uma união com todos os efeitos patrimoniais indesejados ao início.

A crítica feita pelo Des. Luiz Felipe Brasil Santos parece estar muito mais direcionada ao aludido receio que as relações de namoro sejam transformadas em união estável de forma indevida, projetando consequências patrimoniais que não foram previamente e inequivocamente desejadas pelas partes.

Feitas essas considerações, voltemos então à pergunta que intitula este tópico: o contrato de namoro é um aborto jurídico?

Considerando a polissemia do termo "aborto" e, também, o neologismo semântico de "aborto jurídico" – aqui tomado como palavra ou expressão já existente e que ganha outro novo significado – cabe perquirir o real alcance do que teria dito o julgador.

A partir de interpretação subjetiva formulada por esta autora, quer parecer que a expressão "aborto jurídico" foi empregada no julgado como sendo uma espécie de intervenção externa voluntária utilizada pelas partes com o objetivo de evitar que se dê vida aos efeitos jurídicos indesejados do relacionamento de namoro.

Nesse sentido, assiste razão ao julgador. É muito grave o fato de o instituto da união estável ter ganhado tentáculos tão extensos e numerosos a ponto de levar os interessados a promover a criação de instrumentos para evitar sua configuração. No fundo, a grande lição que se extrai aqui é que o instituto da união estável precisa urgentemente ser repensado.

Não se ignora que a união estável passou por um longo e tortuoso caminho até alcançar reconhecimento constitucional e *status* de família e, posteriormente, receber um regramento infraconstitucional. É fato, inclusive, que esse regramento quando vertido na codificação civil de 2002 padeceu de várias imprecisões e inconstitucionalidade já declarada. Esse caminho lembra um movimento pendular, que vai da sua negação, avança para a indenização por serviços prestados e pela sociedade de fato e aporta na família. Agora, porém, parece ter atingido o outro extremo da trajetória: alcançar relações amorosas e afetivas em que não há vontade expressa de ambas as partes para que se constituam.

Assim, o maior desafio do instituto hoje parece estar nucleado na definição de bases mais sólidas e concretas para sua constituição. Afinal, transformar qualquer relacionamento em união estável é, antes de tudo, banalizar essa forma tão digna de família.

Por essas razões, enquanto perdurar a extensa zona de penumbra que norteia o conceito jurídico da união estável, sua natureza jurídica e seus requisitos de constituição, parece pertinente, sim, pactuar contratos de namoro.

Nesse sentido, uma análise crítica e atenta do julgado permite retirar lições completamente diversas do que uma leitura apressada poderia sugerir. A intensa utilização pela doutrina da expressão "aborto jurídico" de forma descontextualizada induz em erro o leitor e gera perigosas incompreensões.

Na já denunciada abordagem negativa atribuída ao contrato de namoro, transformando-o em vilão, Zeno Veloso por muito tempo foi voz dissonante e isolada. Em suas palestras, sempre alertou para os perigos da zona tênue entre um namoro com ares contemporâneos e uma união estável. Foi em suas obras, inclusive, que o termo "namoro qualificado" ganhou destaque nacional.[285] As sementes de uma nova perspectiva já estavam bem lançadas pelo festejado e saudoso jurista.

3.2.2 Fase da aceitação: ressignificando a compreensão do contrato de namoro

Como já observava San Tiago Dantas, no ramo do direito de família, "[...] mais do que em qualquer outro, sente-se o quanto as normas jurídicas são moldadas e determinadas pelos seus conteúdos sociais".[286] Essa é a premissa básica para compreender a mudança de perspectiva pela qual passou o contrato de namoro.

Conforme foi tratado no Capítulo 1 da presente obra, Zygmunt Bauman apontava que no âmbito dos relacionamentos afetivos e amorosos há uma superação da perspectiva única do amor romântico e duradouro, substrato social do arcabouço do direito de família.

Isso porque, em muitos casos, as pessoas querem se relacionar, viver uma paixão, um amor, mas sem que isso se torne algo sólido a ponto de trazer reflexos jurídicos cogentes na área de família e sucessões. Surge, portanto, um descompasso entre aquilo que a sociedade vive, seus novos comportamentos, seus novos costumes e aquilo que está cristalizado na lei e na mentalidade dos juristas. O vilanismo que atingiu o contrato de namoro, exposto anteriormente, é fruto desse descompasso.

Diante destas circunstâncias é que o direito de família, notadamente na esfera das conjugalidades, vem sofrendo uma diminuição da tutela estatal e uma ampliação da autonomia das partes. Sem se descurar da eventual vulnerabilidade de um dos cônjuges, a autonomia privada deve ser a regra geral no trato das situações havidas na conjugalidade, na medida em que o respeito à autonomia implica o respeito da vida digna. Daí a antológica anotação de João Baptista Villela no sentido de que "[o] casamento e a família só serão o espaço do sonho, da liberdade e do amor à condição de que os construam os partícipes mesmos da relação de afeto".[287] É a ideia de um direito de família mínimo, no qual

---

[285] Ver: VELOSO, Zeno. É namoro ou união estável? *IBDFAM*, 20 jul. 2016. Disponível em: https://ibdfam.org.br/noticias/6060. Acesso em: 5 ago. 2021 e VELOSO, Zeno. A união estável e o chamado namoro qualificado no Brasil. *Revista Nacional de Direito de Família e Sucessões*, Porto Alegre, n. 18, p. 32-50, maio/jun. 2017.

[286] DANTAS, San Tiago. *Direitos de família e das sucessões*. 2. ed. Rio de Janeiro: Forense, 1991. p. 3.

[287] VILLELA, João Baptista. Repensando o direito de família. *In:* PEREIRA, Rodrigo da Cunha (Coord.). *Repensando o direito de família*. Belo Horizonte: Del Rey, 1999. p. 19.

o Estado deve se concentrar na proteção dos sujeitos presumidamente vulneráveis, não limitando indevidamente os demais.[288]

Outra circunstância que deve ser somada é a de que a própria noção de namoro foi radicalmente alterada com o transcurso do tempo. Os namoros de outrora, da época de elaboração do Anteprojeto do Código Civil na década de 1970, contavam com a supervisão da família para evitar que o casal tivesse intimidade sexual. Tudo isso porque o namoro era visto como um meio apto para atingir um determinado fim: o casamento. Hoje, anos mais tarde, percebe-se que para muitos pares o namoro é uma espécie de fim em si mesmo. Não precisa levar a outra instância. Tem valor *per se* e talvez nunca evolua para uma intensificação relacional que gere a solidez típica de uma família, inclusive para fins jurídicos.

Assim, não raro observamos casais que estão namorando por anos e anos. A relação longeva na sociedade de hoje, com mais permissividade pós-revolução sexual, faz com que esses casais viagem juntos, convivam com bastante intensidade e pernoites e se relacionem sexualmente.

Com isso, convencionou-se diferenciar um namoro mais fugaz de um namoro mais duradouro e intenso, chamando este último de namoro qualificado. A diferenciação entre namoro qualificado e união estável é bastante tênue e será analisada com maior profundidade em tópico seguinte desta obra. Cabe assinalar, contudo, que o enfrentamento dessa figura pela jurisprudência brasileira nos últimos anos foi de extrema relevância para que o tema fosse alçado ao protagonismo, e o rechaço fosse superado pela aceitação.

Logo, diante da necessidade de distinção entre essas duas figuras, o contrato de namoro emerge como importante instrumento para externar de forma segura a vontade das partes no sentido de evitar que ocorram efeitos jurídicos indesejados. Esses efeitos, advindos de um enquadramento equivocado como união estável, podem se dar em vida, mas também *causa mortis*. É nesse sentido que o contrato de namoro passa a ser um importante instrumento de planejamento sucessório.

---

[288] Nesse sentido, ver: MULTEDO, Renata Vilela. *Liberdade e família*: limites para a intervenção do Estado nas relações conjugais e parentais. Rio de Janeiro: Processo, 2017.

3.2.3 Fase promocional: o contrato de namoro como instrumento de planejamento afetivo, patrimonial e sucessório

O planejamento sucessório tem se tornado uma verdadeira necessidade para a população brasileira, a qual conta com os mais diversos arranjos familiares e afetivos, mas que em geral está submetida a uma única legislação já anacrônica e que dificilmente se adequa aos exatos anseios dos interessados.[289]

No passado, diante da verificação de potenciais riscos de enquadramento de uma relação como união estável, a advocacia costumava indicar que o caminho mais seguro para as partes seria formalizar o relacionamento como união estável (ainda que não fosse) e escolher o regime da separação convencional de bens. Também, somava-se a isso a lavratura de testamento afastando a figura do companheiro como herdeiro.

A verdade é que essa solução nunca foi adequada. Isso por duas razões. A primeira é de cunho ideológico. É simplesmente absurdo aceitar com ares de normalidade o fato de namorados precisarem adentrar no terreno do direito de família e formar uma união estável quando não sentem que essa é a realidade efetivamente vivida. Tudo isso apenas para acessar um arcabouço jurídico que permita afastar direitos a partir da adoção de um regime de bens mais austero. A segunda é de cunho pragmático. Mesmo conjugando a adoção pelo regime da separação convencional e o testamento, muitos direitos que surgem do vínculo do companheirismo são de natureza cogente e não podem ser declinados por vontade das partes. O direito real de habitação é um importante exemplo, o qual tem efeitos tão significativos, chegando à vitaliciedade.

Nos últimos anos, a união estável ganhou contornos jurídicos ainda mais complexos a partir de uma tentativa sistemática de equiparação ao casamento. Baseado no discurso inicial de rechaçar qualquer tipo de hierarquização das formas de família, distinções legislativas entre união estável e casamento vêm sendo superadas, gerando tamanha

[289] Sobre o tema, sugere-se a leitura das seguintes obras: TEIXEIRA, Daniele Chaves. *Planejamento sucessório*: pressupostos e limites. 2. ed. rev. ampl. e atual. Belo Horizonte: Fórum, 2019; TEIXEIRA, Daniele Chaves (Coord.). *Arquitetura do planejamento sucessório*. 2. ed. rev. ampl. e atual. Belo Horizonte: Fórum, 2019. t. I; TEIXEIRA, Daniele Chaves (Coord.). *Arquitetura do planejamento sucessório*. Belo Horizonte: Fórum, 2021. t. II; TEIXEIRA, Daniele Chaves (Coord.). *Arquitetura do planejamento sucessório*. Belo Horizonte: Fórum, 2022. t. III; ROSA, Conrado Paulino da. *Planejamento sucessório*: teoria e prática. Salvador: JusPodivm, 2022.

aproximação entre os institutos a ponto de Mário Delgado denunciar que a união estável tem se tornado um verdadeiro "casamento forçado".[290]

Sem dúvida, o reconhecimento da inconstitucionalidade do art. 1.790 do Código Civil pelo Supremo Tribunal Federal trouxe mais insegurança jurídica para aqueles que temem uma confusão entre um namoro qualificado e uma união estável. Isso porque há quem defenda que, após o julgamento dos recursos extraordinários nºs 878.694/MG[291] e 646.721/RS,[292] o companheiro teria se tornado herdeiro necessário. Com isso, não seria possível afastá-lo em testamento, uma vez que faria jus a participar da reserva legítima de cinquenta por cento do patrimônio do companheiro falecido.

É importante rememorar que, até o julgamento dos referidos recursos, a jurisprudência apresentava três posições conflitantes sobre a adequação do art. 1.790 do Código Civil aos ditames constitucionais: (i) pela inconstitucionalidade integral; (ii) pela inconstitucionalidade parcial e (iii) pela constitucionalidade.[293]

Porém, mesmo com a fixação da tese sobre a inconstitucionalidade do art. 1.790 e a aplicação, tanto no casamento quanto na união estável, do regime do art. 1.829 do Código Civil, novas dúvidas surgiram. Como suscitado pelo IBDFAM nos embargos de declaração opostos ao acórdão do Recurso Extraordinário nº 878.694/MG, na medida em que o art. 1.829 não esgota a disciplina da sucessão hereditária do cônjuge, graves questões de dogmática ficam abertas: como se dará a sucessão do companheiro em relação aos demais dispositivos legais que regulam o tema? Todos os artigos relacionados ao direito sucessório no casamento serão aplicados automaticamente ao companheiro? Haverá aplicação da regra insculpida no art. 544 do Código Civil aos companheiros ou só aos casados? Se o companheiro for considerado herdeiro necessário, ele receberá parte da reserva legítima? Ao companheiro aplicam-se as regras sobre outorga, estado civil e presunção de paternidade?

---

[290] DELGADO, Mário Luiz. O paradoxo da união estável: um casamento forçado. *Revista Nacional de Direito de Família e Sucessões*, Porto Alegre, v. 1, n. 2, p. 5-21, 2014.

[291] BRASIL. Supremo Tribunal Federal. Pleno. RE nº 878.694/MG. Rel. Min. Luís Roberto Barroso, j. 10.5.2017, public. 6.2.2018.

[292] BRASIL. Supremo Tribunal Federal. Pleno. RE nº 646.721/RS. Rel. Min. Marco Aurélio Mello, red. p/ acórdão Min. Luís Roberto Barroso, j. 10.5.2017, public. 11.9.2017.

[293] XAVIER, Luciana Pedroso; XAVIER, Marília Pedroso. O planejamento sucessório colocado em xeque: afinal, o companheiro é herdeiro necessário? *In:* TEIXEIRA, Daniele Chaves (Coord.). *Arquitetura do planejamento sucessório*. 2. ed. Belo Horizonte: Fórum, 2019. p. 243.

Infelizmente, os embargos foram rejeitados por unanimidade pelo STF, sob o fundamento de que a repercussão geral dizia respeito apenas à aplicabilidade do art. 1.829 do Código Civil às uniões estáveis. Com isso, o debate acerca do companheiro ser herdeiro necessário ou não ainda permanece inconcluso.

A nossa posição é a de que, até esse momento, diante da ausência de manifestação expressa alterando a redação do art. 1.845 do Código Civil, não é possível sustentar que o companheiro é herdeiro necessário.[294] Porém, outra dúvida que permanece é de direito intertemporal: se futuramente o companheiro se tornar herdeiro necessário e, portanto, com direito à legítima, como ficam os testamentos lavrados anteriormente afastando sua posição? Serão rompidos? Haverá redução da disposição? A vontade do testador prevalecerá naquilo que couber?

Dessa forma, percebe-se que o contrato de namoro colmata lacunas jurídicas inquietantes. Ele alcança algo que nem mesmo outros instrumentos conjugados e/ou combinados podem oferecer. Daí extraímos sua indiscutível valia. Ao firmarem um contrato de namoro, as partes afastam a eventual configuração de união estável. E, *ipso facto*, todas as incertas consequências que esta última figura oferece contemporaneamente.

Por evidente, não se pode deixar de reconhecer que o contrato de namoro não é uma tábua de salvação. Sua utilização também apresenta algumas armadilhas. Não há modelo de contrato de namoro. Cada instrumento deverá corresponder fielmente à realidade vivida pelos namorados e aos respectivos anseios e interesses destes.

Nisto, frisa-se a importância do advogado, o qual tem papel relevantíssimo na identificação da conformação jurídica e orientação das partes acerca das repercussões sucessórias. Ademais, a atuação do advogado é de grande valia na elaboração do contrato em si, inclusive incentivando que este seja formalizado através de escritura pública.

A segurança do acompanhamento cartorial e a publicidade registrada são mecanismos importantes trazidos pela escritura pública para evitar futuras distorções na interpretação da vontade de membro do casal que falece na constância do namoro. Não é raro que, após o falecimento, surja um embate entre os familiares do falecido e o pretenso

---

294 XAVIER, Luciana Pedroso; XAVIER, Marília Pedroso. O planejamento sucessório colocado em xeque: afinal, o companheiro é herdeiro necessário? *In:* TEIXEIRA, Daniele Chaves (Coord.). *Arquitetura do planejamento sucessório*. 2. ed. Belo Horizonte: Fórum, 2019. p. 247.

ex-companheiro justamente acerca da existência ou não do ânimo de constituir família por parte do *de cujus*. Esse tipo de caso, que geralmente acaba acarretando disputas judiciais longas e exaustivas, poderia ser prevenido, eis que a vontade expressa no contrato de namoro seria considerada elemento de prova de que não havia intenção de constituir família.

Duas decisões de tribunais estaduais são reveladoras desta potencialidade do contrato de namoro. A primeira delas é do Tribunal de Justiça do Rio Grande do Sul,[295] em caso que versava sobre reconhecimento de união estável *post mortem* e que, diante da análise probatória, demonstrou a existência de união estável. O que chama a atenção no julgado é o seguinte trecho do voto do relator, Desembargador Ivan Leomar Bruxel:

> Destaco que tampouco se desincumbiu o falecido de evitar mal entendidos acerca de seu relacionamento com a autora, o que poderia ter feito, por exemplo, formalizando um contrato de namoro, que afastasse a hipótese de que estivesse vivendo em união estável.

Já a segunda é do Tribunal de Justiça de São Paulo.[296] Neste julgado é demonstrada a efetiva utilização do contrato de namoro como meio de prova, influenciando no convencimento do relator de que não havia união estável, conforme trecho do voto do Desembargador Rogério Murillo Pereira Cimino:

> É de se observar que, apesar de comprovada a habitação em comum por um curto período, tal fato não é elemento circunstancial, por si só, apto à caracterização da união estável. Nesse sentido, aliás, foi a prova produzida nos autos, que veio a corroborar as alegações da requerida, de modo a concluir que a relação, muito aquém de uma união estável, não passava de um namoro. Em especial, o contrato de namoro firmado pelas partes (fls. 41/43), que foi celebrado dentro dos ditames do artigo 104, do Código Civil, inexistindo patente vício de vontade que poderia ensejar, de plano, o reconhecimento de eventual nulidade. De tal sorte, é válido. Deste modo, não comprovada a alegada união estável, não há que se falar em meação quanto aos bens adquiridos pela recorrida.

---

[295] RIO GRANDE DO SUL. Tribunal de Justiça do Rio Grande do Sul. AC nº 70075248823. Rel. Ivan Leomar Bruxel, j. 10.5.2018. Oitava Câmara Cível, public. 30.5.2018.

[296] SÃO PAULO. Tribunal de Justiça de São Paulo. 9ª Câmara de Direito Privado. AC nº 1000884-65.2016.8.26.0288. Rel. Rogério Murillo Pereira Cimino, j. 25.6.2020, public. 25.6.2020.

Outro ponto que merece atenção é a inserção de cláusula para tutelar eventual evolução do relacionamento. Considerando o posicionamento consolidado do STJ,[297] no sentido da impossibilidade de reconhecimento de efeitos retroativos à escolha de regime de bens da união estável no momento de sua formalização, a cláusula que prevê uma eventual conversão futura de namoro em união estável ganha relevância pela possibilidade de já delimitar qual seria o regime de bens escolhido pelo casal. Com isso, se e quando houver a conversão de namoro em união estável, desde o início desta já estaria sendo aplicado o regime de bens declinado no contrato de namoro (no Capítulo 4, apresentaremos algumas sugestões de redação de cláusulas a respeito desse assunto).

Cabe refletir sobre o tema sob o prisma da recente pandemia da Covid-19, que alterou radicalmente a vida em todo o mundo e trouxe significativos impactos para a vida em sociedade. Para além da notória crise experimentada no campo da saúde pública, é fato que o impacto na economia também foi brutal. Tudo isso redundou em significativas mudanças no campo do comportamento social, no estabelecimento de novas rotinas e, em última análise, no repensar de algumas dinâmicas familiares.[298]

---

297 BRASIL. Superior Tribunal de Justiça. Terceira Turma. AgInt no REsp nº 1.843.825. Rel. Min. Moura Ribeiro, j. 3.8.2021, public. 10.3.2021. O presente julgado é exemplo recente do posicionamento do STJ, conforme trecho da ementa: "[...] 2. Na linha da jurisprudência dominante no âmbito das Turmas que compõem a Segunda Seção do STJ, o regime de bens constante de escritura pública de união estável não tem efeitos retroativos". Mais recentemente, no AgInt no AREsp 1631112/MT, Rel. Ministro Antonio Carlos Ferreira, Quarta Turma, julgado em 26/10/2021, DJe 14/02/2022 o STJ proferiu decisão reafirmando a impossibilidade de estabelecimento de cláusula de efeitos retroativos ao regime de bens, conforme trecho da ementa: "[...] 1. Conforme entendimento desta Corte, a eleição do regime de bens da união estável por contrato escrito é dotada de efetividade ex nunc, sendo inválidas cláusulas que estabeleçam a retroatividade dos efeitos patrimoniais do pacto. Precedentes". Para maior aprofundamento sobre os efeitos retroativos na escritura pública de união estável sob a perspectiva da prática notarial, sugerimos consultar o seguinte texto: FLEISCHMANN, Simone Tassinari Cardoso; FACHINI, L. S. Passado e futuro: questões sobre a possibilidade de mudança automática do regime de bens e disciplina jurídica pretérita pelo pacto antenupcial e contrato de união estável. *In*: TEIXEIRA, Ana Carolina Brochado; RODRIGUES, Renata Lima (Org.). *Contratos, família e sucessões*: diálogos complementares. Indaiatuba: Foco, 2019. p. 53-68. Sugere-se também a leitura do seguinte parecer jurídico: SIMÃO, José Fernando. Retroatividade de contrato de união estável. *Revista IBDFAM: Famílias e Sucessões*, Belo Horizonte, n. 40, p. 133-150, jul./ago. 2020. Parecer.

298 Sobre as relações afetivas em tempos pandêmicos, sugere-se a leitura dos seguintes trabalhos: EHRHARDT Jr., Marcos. Como a utilização da tecnologia impacta nas relações familiares em tempos de pandemia da covid-19? *In:* NEVARES, Ana Luiza Maia; XAVIER, Marília Pedroso; MARZAGÃO, Silvia Felipe. *Coronavírus*: impactos no Direito de família e sucessões. Indaiatuba: Foco, 2020. p. 93-102; CALDERÓN, Ricardo. O amor em tempos de pandemia: efeitos nos relacionamentos efetivos. *In*: NEVARES, Ana Luiza Maia; XAVIER, Marília Pedroso; MARZAGÃO, Silvia Felipe. *Coronavírus*: impactos no direito de família e

Nesse sentido, muitos casais de namorados passaram a residir em conjunto com o objetivo de poder exercer uma vida afetiva e sexual, sem serem afetados pela imposição de isolamento social e, em alguns casos, como forma de gerar economia.[299] Essa coabitação por si só não pode ser entendida como elemento caracterizador de união estável.[300] De modo coerente com o que já foi exposto nesta obra, o que deve nortear o enquadramento jurídico é a (in)existência do objetivo das partes de constituir família. A fragilidade da vida no momento pandêmico só reforça a importância do contrato de namoro.

Conclui-se, portanto, que o contrato de namoro perpassa três fases: do rechaço à aceitação e, agora, encontra-se em fase promocional. Para que se tenha uma compreensão profunda acerca da figura, revela-se de grande valia tratar do namoro qualificado como relação afetiva que enseja a realização de um contrato de namoro. É o que será enfrentado no tópico seguinte da presente obra.

3.3 Namoro qualificado *versus* união estável: a tênue diferença

Ao longo desta obra foram analisadas as relevantes mudanças sociais ocorridas no campo da família. Dentro desse contexto de transformações, ocupa especial posição o namoro. Embora esse signo linguístico tenha sido reiteradamente utilizado ao longo dos tempos,[301] seu significado foi radicalmente alterado. Como observou Euclides de Oliveira:

---

sucessões. Indaiatuba: Foco, 2020. p. 93-102; e SCHREIBER, Anderson. A chamada união estável virtual: transformações do direito de família à luz da pandemia. *In:* NEVARES, Ana Luiza Maia; XAVIER, Marília Pedroso; MARZAGÃO, Silvia Felipe. *Coronavírus*: impactos no direito de família e sucessões. Indaiatuba: Foco, 2020. p. 85-92.

[299] TEIXEIRA, Ana Carolina Brochado; MATTOS, Eleonora G. Saltão de Q. A coabitação em tempos de pandemia pode ser elemento caracterizador de união estável? *In:* NEVARES, Ana Luiza Maia; XAVIER, Marília Pedroso; MARZAGÃO, Silvia Felipe (Coord.). *Coronavírus*: impactos no direito de família e sucessões. Indaiatuba: Foco, 2020. p. 77-81.

[300] CARVALHO, Felipe Quintela Machado de; MAFRA, Tereza Cristina Monteiro. A coabitação como elemento acidental e não essencial da sociedade conjugal e da união estável: a lição da pandemia da Covid-19. *Revista Brasileira de Direito Civil – RBDCivil*, Belo Horizonte, v. 26, p. 107-129, out./dez. 2020.

[301] "Conservando as mesmas palavras para designar situações diferentes, evita-se que a massa dos homens adquira consciência imediata das transformações sociais" (GOMES, Orlando. A evolução do direito privado e o atraso da técnica jurídica. *Revista Direito GV*, v. 1, n. 1, p. 121-134, maio 2005. p. 130).

> O namoro à moda antiga se fazia cauteloso e era até difícil chegar aos beijos e abraços, o que só acontecia depois de certo tempo de espera e da aprovação familiar (era comum o namoro incipiente no sofá da sala dos pais da moça, sob olhares críticos e vigilantes dos donos da casa). Hoje é sabidamente mais aberta a relação, que logo se alteia para os carinhos mais ardentes e com boa margem de liberdade (fim de semana a sós, viagens, sexo quase declarado).[302]

De fato, parece inegável que o namoro experimentado na atualidade é pautado por uma margem de liberdade muito maior. No passado, o namoro correspondia tão só ao período em que o casal convivia com o intuito de planejar o matrimônio. Assim, era permitido apenas breves encontros entre o par, sempre sob os olhos atentos da família. A vida sexual só era iniciada após o casamento, na noite de núpcias, sendo que a virgindade da noiva – dentro de uma visão machista – era sinônimo de sua dignidade.[303]

A purificação do sexo e o advento de métodos contraceptivos mais eficazes, conforme visto no primeiro capítulo, fizeram com que não fosse mais preciso esperar a realização do matrimônio para haver uma convivência mais íntima com o parceiro. Afinal, diante da possibilidade de evitar episódios de gravidez indesejada, o sexo já não representava algo tão perigoso.

Nesse sentido, vale destacar que as opiniões se dividem entre os que lamentam e celebram tais mudanças. Apenas à guisa de exemplo, destacam-se alguns posicionamentos antagônicos. Para Felipe Aquino, professor universitário que tem escrito sobre a doutrina católica, o namoro precisa ser urgentemente repensado, uma vez que tem sido encarado de modo inconsequente. Para o autor, o namoro deve ser levado a sério, tendo como único fim o casamento. Logo, seria inadequado namorar apenas por lazer, para ter companhia, sem se preocupar com a longevidade do relacionamento. Felipe Aquino também defende um retorno ao antigo modelo do namoro, no qual a vida sexual era evitada antes das núpcias.[304] Já em sentido contrário é o entendimento do médico psicanalista Francisco Daudt Veiga, cuja obra serve de epígrafe para

---

302 OLIVEIRA, Euclides de. A escalada do afeto no direito de família: ficar, namorar, conviver, casar. *In*: PEREIRA, Rodrigo da Cunha (Coord.). *Família e dignidade humana*: anais V Congresso Brasileiro de Direito de Família. São Paulo: IOB Thomson, 2006. p. 328.

303 Ver: DEL PRIORE, Mary (Org.). *História das mulheres no Brasil*. 9. ed. São Paulo: Contexto, 2009.

304 AQUINO, Felipe. *Namoro*. 35. ed. Lorena: Cléofas, 2009.

o capítulo em comento. O médico, além de celebrar a configuração hodierna do namoro, incentiva seus pacientes a desfrutarem ao máximo das experiências vivenciadas no seio desse relacionamento. Só assim poderão ter certeza das reais possibilidades de um futuro casamento dar certo.

O segundo posicionamento parece ser o mais aceito na sociedade de hoje. Em razão disso, têm sido cada vez mais numerosos casos de namoros prolongados, os quais somam alguns bons anos.

Nesse sentido, é pacífico o entendimento de que "o namoro puro e simples não traz consequências jurídicas diversas daquelas que, direta ou indiretamente, aplicam-se à fase do 'ficar'".[305] Em outras palavras, um mero namoro[306] não é, por si só, um fato tutelado pelo direito, assim como ocorre com outras espécies de interação conjugal consideradas fugazes.

No entanto, são de particular complexidade as situações em que estão em pauta namoros que configuram convivência pública, contínua e duradoura entre as partes. O relacionamento, então, deixa de ser frágil e passa a refletir para sociedade ares de família. Para exprimir com maior exatidão tais situações, Mara Rúbia Cattoni Poffo cunhou a expressão "namoro qualificado".[307]

Com isso, convencionou-se diferenciar um namoro mais fugaz de um namoro mais duradouro e intenso, chamando esse último de namoro qualificado. Sem dúvida, a grande valia de ter uma expressão própria para bem delinear esses relacionamentos vem a ser a delimitação conceitual. Logo, o namoro qualificado surge como uma instância intermediária entre o namoro e a união estável. Zeno Veloso bem explanou essa complexa zona cinzenta e seus reflexos jurídicos:

> Nem sempre é fácil distinguir essa situação – a união estável – de outra, o namoro, que também se apresenta informalmente no meio social. Numa feição moderna, aberta, liberal, especialmente se entre pessoas adultas, maduras, que já vêm de relacionamentos anteriores (alguns

---

305 OLIVEIRA, Euclides de. A escalada do afeto no direito de família: ficar, namorar, conviver, casar. *In*: PEREIRA, Rodrigo da Cunha (Coord.). *Família e dignidade humana*: anais V Congresso Brasileiro de Direito de Família. São Paulo: IOB Thomson, 2006. p. 329.

306 MALUF, Carlos Alberto Dabus; MALUF, Adriana Caldas do Rego Freitas Dabus. A união estável e o namoro qualificado – Uma diferenciação. *Revista Nacional de Direito de Família e Sucessões*, Porto Alegre, n. 6, p. 49-62, maio/jun. 2015.

307 POFFO, Mara Rúbia Cattoni. Inexistência de união estável em namoro qualificado. *IBDFAM*. Disponível em: http://www.ibdfam.Org.br/?artigos&artigo=601. Acesso em: 18 dez. 2010.

bem-sucedidos, outros nem tanto), eventualmente com filhos dessas uniões pretéritas, o namoro implica, igualmente, convivência íntima – inclusive, sexual –, os namorados coabitam, frequentam as respectivas casas, comparecem a eventos sociais, viajam juntos, demonstram para os de seu meio social ou profissional que entre os dois há uma afetividade, um relacionamento amoroso. E quanto a esses aspectos, ou elementos externos, objetivos, a situação pode se assemelhar – e muito – a uma união estável. Parece, mas não é! Pois falta um elemento imprescindível da entidade familiar, o elemento interior, anímico, subjetivo: ainda que o relacionamento seja prolongado, consolidado, e por isso tem sido chamado de 'namoro qualificado', os namorados, por mais profundo que seja o envolvimento deles, não desejam e não querem – ou ainda não querem – constituir uma família, estabelecer uma entidade familiar, conviver numa comunhão de vida, no nível do que os antigos chamavam de *affectio maritalis*. Ao contrário da união estável, tratando-se de namoro – mesmo do tal namoro qualificado –, não há direitos e deveres jurídicos, mormente de ordem patrimonial entre os namorados. Não há, então, que falar-se de regime de bens, alimentos, pensão, partilhas, direitos sucessórios, por exemplo.[308]

A diferenciação entre namoro qualificado e união estável também ganhou contornos significativos a partir de dois julgados do Superior Tribunal de Justiça: o REsp nº 1.263.015/RN,[309] de relatoria da Min. Nancy Andrighi, e o REsp nº 1.454.643/RJ,[310] de relatoria do Min. Marco Aurélio Bellizze. Ambos se debruçam sobre a necessária presença do ânimo de constituir família para a caracterização da união estável, dando ao namoro qualificado um delineamento diferenciador da união estável.[311]

---

308 VELOSO, Zeno. União estável e o chamado namoro qualificado no Brasil: equiparação entre cônjuges e companheiros. *In*: VELOSO, Zeno. *Direito civil*: temas. Belém: Anoreg/PA, 2018. p. 313-314.

309 BRASIL. Superior Tribunal de Justiça. Terceira Turma. REsp nº 1.263.015/RN. Rel. Nancy Andrighi, j. 19.6.2012, public. 26.6.2012.

310 BRASIL. Superior Tribunal de Justiça. Terceira Turma. REsp nº 1.454.643-RJ. Rel. Marco Aurélio Bellizze, j. 3.3.2015, public. 10.3.2015.

311 Flávio Tartuce aponta tais decisões para demonstrar a utilização do termo "namoro qualificado" "para denotar o namoro longo, em que não há a presença dos requisitos familiares de uma união estável". Nesse sentido, o autor cita trecho do acórdão da Ministra Nancy Andrighi: "Na relação de namoro qualificado os namorados não assumem a condição de conviventes porque assim não desejam, são livres e desimpedidos, mas não tencionam naquele momento ou com aquela pessoa formar uma entidade familiar. Nem por isso vão querer se manter refugiados, já que buscam um no outro a companhia alheia para festas e viagens, acabam até conhecendo um a família do outro, posando para fotografias em festas, pernoitando um na casa do outro com frequência, ou seja, mantêm verdadeira convivência amorosa, porém, sem objetivo de constituir família (STJ, REsp 1.263.015/RN, 3ª Turma, Rel. Min Nancy Andrighi, julgado em 19/6/2012, DJe 26/6/2012)" (TARTUCE, Flávio. União

Especialmente no acórdão relatado pelo Ministro Bellizze, tem-se a análise do momento em que este ânimo é manifestado, se é no presente ou como projeto para o futuro, conforme trecho extraído da ementa:

> A só projeção da formação de uma família, os relatos das expectativas da vida no exterior com o namorado, a coabitação, ocasionada, ressalta-se, pela contingência e interesses particulares de cada qual, tal como esboçado pelas instâncias ordinárias, afiguram-se insuficientes à verificação da *affectio maritalis* e, por conseguinte, da configuração da união estável. 2.1 O propósito de constituir família, alçado pela lei de regência como requisito essencial à constituição da união estável – a distinguir, inclusive, esta entidade familiar do denominado "namoro qualificado" –, não consubstancia mera proclamação, *para o futuro*, da intenção de constituir uma família. É mais abrangente. Esta deve se afigurar *presente* durante toda a convivência, a partir do efetivo compartilhamento de vidas, com irrestrito apoio moral e material entre os companheiros. *É dizer: a família deve, de fato, restar constituída.* Tampouco a coabitação, por si, evidencia a constituição de uma união estável (ainda que possa vir a constituir, no mais das vezes, um relevante indício) [...]. (Grifos no original)

Ao lado das mudanças no namoro, as quais desafiam sua própria conceituação como tal, outro relevante aspecto que ainda precisa ser desvelado neste livro é a caracterização da união estável.

Segundo o art. 1.723 do Código Civil, "é reconhecida como entidade familiar a união estável entre o homem e a mulher, configurada na convivência pública, contínua e duradoura e estabelecida com o objetivo de constituição de família".[312]

O ponto nevrálgico que diferencia a união estável das demais relações conjugais não matrimonializadas é o objetivo de constituir família. A opção legislativa de não pormenorizar o que afinal seria esse

---

estável e namoro qualificado. *IBDFAM*, 28 mar. 2018. Disponível em: https://ibdfam.org.br/artigos/1265/Uni%C3%A3o+est%C3%A1vel+e+namoro+qualificado. Acesso em: 18 ago. 2021).

[312] Ainda, segundo a dicção da lei: "§1º A união estável não se constituirá se ocorrerem os impedimentos do art. 1.521; não se aplicando a incidência do inciso VI no caso de a pessoa casada se achar separada de fato ou judicialmente; §2º As causas suspensivas do art. 1.523 não impedirão a caracterização da união estável; artigo 1.521: Não podem casar: I - os ascendentes com os descendentes, seja o parentesco natural ou civil; II - os afins em linha reta; III - o adotante com quem foi cônjuge do adotado e o adotado com quem o foi do adotante; IV - os irmãos, unilaterais ou bilaterais, e demais colaterais, até o terceiro grau inclusive; V - o adotado com o filho do adotante; VI - as pessoas casadas; VII - o cônjuge sobrevivente com o condenado por homicídio ou tentativa de homicídio contra o seu consorte".

escopo tem sido alvo de críticas.[313] Isso porque essa vagueza da lei gera inúmeras confusões no cotidiano forense.

Outro elemento que torna ainda mais complexo este tema é que a união estável por vezes só adentra ao mundo jurídico, paradoxalmente, após acabar. Ou seja, "o ato de ingresso é, ao mesmo tempo, ato de saída: reconhece-se a existência para afirmar que o que havia já acabou [...]".[314] Daí ser chamada por Eduardo de Oliveira Leite de (des)união estável. Conforme explica o autor, até o momento da ruptura o casal considera a lei desnecessária. Porém, quando a fragilidade da união começa a transparecer a lei se torna indispensável:[315] "enquanto a união flui, sem maiores problemas (especialmente de ordem patrimonial, em decorrência da dissolução da união) é que os companheiros se dão conta da fragilidade de sua situação".[316]

Também, cabe questionar a falta de regulação jurídica da união estável se comparada aos demais modelos familiares reconhecidos pelo direito. Muito embora não haja mais o que se falar no sentido de uma hierarquia entre esses modelos (a partir da ordem inaugurada pela Constituição de 1988), infelizmente o direito codificado de família ainda tem como paradigma o casamento. Nesse sentido, Maria Berenice Dias ressalta que "causa no mínimo certa estranheza o fato de o Código Civil, com relação ao casamento, dedicar ao regime de bens nada menos do que 50 artigos e às questões patrimoniais na união estável singelas duas palavras: contrato escrito (CC 1.725)".[317]

O ideal buscado pela doutrina estaria na concepção de que "o tratamento das entidades familiares será diferenciado na medida em

---

313 "As confusões entre o namoro e a união estável são tremendas em nossos dias. Tais confusões se devem à Lei 9.278/96, que, elaborada sem o apreço técnico necessário, estabeleceu que o mero objetivo de constituição de família é suficiente à configuração de união estável, se a relação for duradoura, pública e contínua (art. 1º). Tal falha foi repetida no Código Civil de 2002 (art. 1723)" (SILVA, Regina Beatriz Tavares da. *Namoro e união estável*: confusões. Disponível em: http://www.reginabeatriz.com.br/academico/artigos/artigo.aspx?id=128. Acesso em: 13 dez. 2011).

314 CARBONERA, Silvana Maria. *Reserva de intimidade*: uma possível tutela da dignidade no espaço relacional da conjugalidade. Rio de Janeiro: Renovar, 2008. p. 184.

315 LEITE, Eduardo de Oliveira. A (des)união estável. *In*: LEITE, Eduardo de Oliveira (Coord.). *Grandes temas da atualidade* – União estável: aspectos polêmicos e controvertidos. Rio de Janeiro: Forense, 2009. v. 8. p. 65.

316 LEITE, Eduardo de Oliveira. A (des)união estável. *In*: LEITE, Eduardo de Oliveira (Coord.). *Grandes temas da atualidade* – União estável: aspectos polêmicos e controvertidos. Rio de Janeiro: Forense, 2009. v. 8. p. 49.

317 DIAS, Maria Berenice. *Manual de direito das famílias*. 5. ed. rev., atual. e ampl. São Paulo: Revista dos Tribunais, 2009. p. 174.

que estas se diferenciem e, por esta razão, não se nega que cada uma tenha o seu próprio estatuto normativo".[318] Lamentavelmente, essa não é a realidade pátria, conforme esclarece Rodrigo Toscano de Brito:

> É interessante observar que, a par dessa constatação da pluralidade familiar, do número aberto, não se veem, por outro lado, regras bem definidas sobre as suas inúmeras repercussões patrimoniais. A família fundada no casamento é, ainda, do ponto de vista patrimonial, a que tem regramento mais detalhado. O Título II do Código Civil brasileiro é praticamente todo dedicado ao direito patrimonial de família no casamento. Mas, quando se caminha, por exemplo, para a união estável, que já é um instituto que se pode dizer consolidado entre nós, no Brasil, vislumbra-se um menor grau de detalhamento de normas do ponto de vista patrimonial, nomeadamente às que se referem à sucessão do companheiro. Quanto aos demais arranjos familiares, a normatização é ainda mais rara. Na seara patrimonial, a legislação brasileira apresenta lacunas em face desses novos arranjos familiares, motivo pelo qual, embora se deva reconhecer os vários tipos de famílias, há necessidade ainda de buscar em outras áreas do direito civil e em outras áreas do direito o apoio necessário para o preenchimento das lacunas.[319]

No cenário descrito, de ausência de contornos mais nítidos da configuração de união estável,[320] estes fazem com que essa entidade familiar e o namoro apareçam separados por uma linha tênue, quase imperceptível. Certamente, isso será ainda potencializado se o que estiver em jogo for um namoro qualificado.

Para uma análise mais profunda sobre o tema, importa perscrutar a natureza jurídica da união estável. Como será explicitado, existem

---

[318] NEVARES, Ana Luiza Maia. Entidades familiares na constituição: críticas à concepção hierarquizada. *In*: RAMOS, Carmen Lucia *et al.* (Org.). *Diálogos sobre direito civil*. Rio de Janeiro: Renovar, 2002. p. 314.

[319] BRITO, Rodrigo Toscano de. Conceito atual de família e suas repercussões patrimoniais. *In*: DIAS, Maria Berenice (Org.). *Direito das famílias*. São Paulo: RT, 2009. p. 80. No mesmo sentido: "Não há previsão legal de noivado, como, de resto, o Código também não menciona as situações de namoro e, menos ainda, o envolvimento primário do simples 'ficar'" (OLIVEIRA, Euclides de. A escalada do afeto no direito de família: ficar, namorar, conviver, casar. *In*: PEREIRA, Rodrigo da Cunha (Coord.). *Família e dignidade humana*: anais V Congresso Brasileiro de Direito de Família. São Paulo: IOB Thomson, 2006. p. 329).

[320] Contribuição importante é dada por Leonardo Amaral Pinheiro da Silva. Para o autor, o Brasil poderia aproveitar o exemplo português (união de fato regulamentada pela Lei nº 7/2001 com redação de 11.5.2012) e estabelecer um tempo mínimo de convivência de dois anos para a constituição da união estável, salvo contrato escrito entre os companheiros caso o lapso seja menor (SILVA, Leonardo Amaral Pinheiro. *Pacto dos namorados*: o namoro qualificado e a diferença que você gostaria de saber da união estável, mas tem receio em perguntar. Rio de Janeiro: Lumen Juris, 2018. p. 115).

duas teorias preponderantes, sendo que a adoção de uma ou de outra conduz o jurista para conclusões diversas sobre o contrato de namoro.

3.4 A natureza jurídica da união estável

O debate a respeito da natureza jurídica da união estável é polarizado em duas correntes doutrinárias, as quais serão analisadas a seguir. Vale dizer que os dois entendimentos antagônicos são capitaneados por Paulo Luiz Netto Lôbo e Marcos Bernardes de Mello.

Paulo Luiz Netto Lôbo é o autor que lidera a primeira corrente.[321] Em artigo que se preocupa especificamente com o tema, faz, inicialmente, uma interessante constatação de que a união estável migrou da categoria de fato ilícito para a de fato jurídico lícito.[322] Resta saber qual a sua espécie.

Para responder a este questionamento, Lôbo examina, em um primeiro momento, os diplomas legais que tratam da união estável. O primeiro é o art. 226, §3º, da Constituição, que reconhece "a união estável entre o homem e a mulher como entidade familiar". A este respeito, o autor considera que a Constituição reconheceu uma situação fática e passou a tutelá-la juridicamente. Na hipótese normativa, três são os elementos para que se caracterize uma união estável: união entre homem e mulher, estabilidade da união e natureza familiar. É excluída, portanto, a exigência de qualquer elemento volitivo.

O art. 1.723 do Código Civil, por sua vez, reconhece como entidade familiar a união estável entre homem e mulher, "configurada na convivência pública, contínua e duradoura", estabelecida com o objetivo de constituir família. Observa-se que se acrescentou à norma constitucional a necessidade de publicidade do relacionamento. Para Lôbo, não se trata de verdadeiro acréscimo, mas de esclarecimento do elemento de estabilidade. Além disso, a enunciação de objetivo de constituição de família meramente revela a natureza familiar contínua que deve ser constatada.

---

321 Também entendem a união estável como ato-fato os seguintes autores: OTERO, Marcelo Truzzi; MOURA, Líbera Copetti de. União estável: fato, ato ou negócio jurídico? Repercussões práticas. *Revista do Advogado*, ano XLI, n. 151, p. 112-122, set. 2021.

322 LÔBO, Paulo Luiz Netto. *A concepção da união estável como ato-fato jurídico e suas repercussões*. Disponível em: http://evocati.com.br/evocati/impressao.wsp?tmp_codigo=385. Acesso em: 20 dez. 2010.

Diante das exigências legais, constata-se que a união estável é uma situação fática reconhecida pelo direito por seus elementos, somente. A declaração expressa de vontade é irrelevante para sua configuração.[323]

Em seguida, Paulo Lôbo compara a união estável com a família matrimonializada, que decorre do casamento, um ato jurídico complexo,[324] que tem na declaração de vontade dos nubentes seu elemento nuclear. O casamento, portanto, é a única entidade familiar oriunda de um ato jurídico formal.

As demais formas de constituir família, como união estável e família monoparental, são situações fáticas reconhecidas pelo direito. Deste modo, são consideradas atos-fatos jurídicos.

De acordo com a lição de Pontes de Miranda, o ato-fato jurídico é aquele em que a vontade está em sua gênese, mas o direito a desconsidera e apenas atribui juridicidade ao fato resultante. Uma das mais relevantes consequências da categoria dos atos-fatos jurídicos é a de que não estão eles sujeitos aos requisitos de validade, ou seja, não podem ser nulos ou anuláveis. No mesmo sentido, não se aplicam a eles os vícios da vontade, afinal, sua gênese está na simples constatação de fatos.

O contraponto à tese de Paulo Luiz Netto Lôbo foi realizado por Marcos Bernardes de Mello. O jurista, em artigo publicado na *Revista do IBDFAM*,[325] reviu posicionamento anterior sobre a natureza jurídica da união estável. O mestre alagoano entendia, inicialmente, ser a união estável um ato jurídico compósito.[326] Os atos jurídicos compósitos têm como elemento nuclear de seu suporte fático a manifestação de vontade, mas que, por si só, não basta para o completar e gerar sua incidência. Os atos jurídicos compósitos exigem o preenchimento de circunstâncias de fato que completem a manifestação de vontade. Assim,

---

323 "Assim, adaptando os elementos do suporte fático (hipótese normativa), para incidência do art. 1.723 do Código Civil, sem colisão com os da norma constitucional, temos: a) união entre homem e mulher; b) convivência pública, contínua e duradoura; c) natureza familiar" (LÔBO, Paulo Luiz Netto. *A concepção da união estável como ato-fato jurídico e suas repercussões*. Disponível em: http://evocati.com.br/evocati/impressao.wsp?tmp_codigo=385. Acesso em: 20 dez. 2010).

324 De acordo com o autor, o casamento pode ser assim decomposto: "atos de habilitação, solenidade de celebração, declaração de vontade dos nubentes" (LÔBO, Paulo Luiz Netto. *A concepção da união estável como ato-fato jurídico e suas repercussões*. Disponível em: http://evocati.com.br/evocati/impressao.wsp?tmp_codigo=385. Acesso em: 20 dez. 2010).

325 MELLO, Marcos Bernardes de. Breves notas sobre o perfil jurídico da união estável. *Revista IBDFAM: Famílias e Sucessões*, v. 39, p. 138-164, maio/jun. 2020.

326 *Vide* MELLO, Marcos Bernardes de. Sobre a classificação do fato jurídico da união estável. *In*: ALBUQUERQUE, Fabíola Santos; EHRHARDT JR., Marcos; OLIVEIRA, Catarina Almeida de. *Famílias no direito contemporâneo*. Salvador: JusPodivm, 2010. p. 143-163.

em seu pensamento original, o autor entendia que o suporte fático do ato jurídico compósito "união estável" teria como manifestação de vontade o "objetivo de constituir família", completada pelo estado de fato "convivência pública, contínua e duradoura" entre as partes.[327]

Sempre preocupado com o rigor dos conceitos e, justamente por isso, aberto a refinar e rever suas posições – como comprovam as mais de vinte edições do clássico *Teoria do fato jurídico* – Marcos Bernardes de Mello expressamente teve como equivocada a classificação da união estável como ato jurídico compósito. Isso porque faltariam ao ato jurídico compósito duas características atinentes à união estável: ser bilateral e a possibilidade de conter determinações inexas.[328] Daí a nova visão do autor: "[d]iante disso, parece-nos indiscutível que [a união estável] se trata de negócio jurídico bilateral de Direito de Família, cujo núcleo do suporte fáctico tem como elemento cerne a exteriorização de vontade de duas pessoas de estabelecerem uma convivência afetiva como se casados fossem [...]".[329]

Essa caracterização da união estável como negócio jurídico, frise-se, dá-se não só porque sua existência exige uma manifestação de vontade, elemento compartilhado com os atos jurídicos *in genere*. Mas porque o ordenamento jurídico faculta às partes (i) constituir ou não uma união estável e, se constituírem, (ii) regular o conteúdo das relações jurídicas patrimoniais derivadas dessa união.[330] É o poder de escolha da categoria jurídica e de estruturar seu conteúdo que marca as fronteiras entre os atos jurídicos e os negócios jurídicos.[331]

A pesquisa inicial e as primeiras edições desta obra pautaram-se pelo posicionamento original de Marcos Bernardes de Mello, classificando a união estável como ato jurídico compósito. A mudança de pensamento do marco teórico, porém, não impactou a conclusão que aqui se tinha. Explica-se.

---

327 MELLO, Marcos Bernardes de. Sobre a classificação do fato jurídico da união estável. *In*: ALBUQUERQUE, Fabíola Santos; EHRHARDT JR., Marcos; OLIVEIRA, Catarina Almeida de. *Famílias no direito contemporâneo*. Salvador: JusPodivm, 2010. p. 162.

328 MELLO, Marcos Bernardes de. Breves notas sobre o perfil jurídico da união estável. *Revista IBDFAM: Famílias e Sucessões*, v. 39, p. 138-164, maio/jun. 2020. p. 160.

329 MELLO, Marcos Bernardes de. Breves notas sobre o perfil jurídico da união estável. *Revista IBDFAM: Famílias e Sucessões*, v. 39, p. 138-164, maio/jun. 2020. p. 161.

330 MELLO, Marcos Bernardes de. Breves notas sobre o perfil jurídico da união estável. *Revista IBDFAM: Famílias e Sucessões*, v. 39, p. 138-164, maio/jun. 2020. p. 162.

331 MELLO, Marcos Bernardes de. Breves notas sobre o perfil jurídico da união estável. *Revista IBDFAM: Famílias e Sucessões*, v. 39, p. 138-164, maio/jun. 2020. p. 161.

Enquadrar a união estável na classe dos atos jurídicos compósitos ou na classe dos negócios jurídicos não retira o dado mais importante que a contribuição de Marcos Bernardes de Mello trouxe para o estudo do contrato de namoro: a união estável depende, necessariamente, da manifestação de vontade das partes. Quer seja uma manifestação de vontade explícita – como aquela externada por quem entabula escritura pública de união estável ou reconhece o pedido em uma ação de reconhecimento e dissolução de união estável – quer seja uma manifestação colhida a *indicium voluntatis* – como aquela feita pelo juiz em sentença de ação de reconhecimento de união estável contestada. Nas palavras certeiras de Pontes de Miranda, "[n]ão há negócio jurídico sem vontade de negócio".[332]

Neste contexto, *o contrato de namoro serve para afastar qualquer dúvida sobre o preenchimento ou não do suporte fático da união estável: as partes do contrato de namoro manifestam sua vontade, expressa e inequivocamente, no sentido de que seu relacionamento não tem por objetivo constituir família, mas ser apenas um namoro.*

Em que pese a relevância da obra e do pensamento de Paulo Luiz Netto Lôbo, a tese que se revela mais apropriada acerca da natureza jurídica da união estável é a de Marcos Bernardes de Mello. Afinal, da leitura do art. 1.723, do Código Civil, o elemento volitivo do objetivo de constituir família apresenta-se como um requisito indispensável para a configuração da união estável, bem como o suporte fático da convivência pública, contínua e duradoura.

Não é apenas do referido artigo que decorre essa interpretação. Na realidade, com a passagem do modelo transpessoal de família para o modelo eudemonista, centrado no bem-estar e na realização dos sujeitos, os indivíduos adquiriram maior autonomia e liberdade. A família passou a ser entendida sob um enfoque muito mais democrático, pelo que a vontade de seus componentes importa muito mais do que o interesse estatal.

Aliás, ao se tratar de interesse do Estado, é preciso ter em mente que sua intervenção deve ocorrer somente nas situações de vulnerabilidade de uma das partes. Cita-se, como maior exemplo, o princípio do melhor interesse da criança. Além disso, merece destaque o fato de

[332] PONTES DE MIRANDA, Francisco Cavalcanti. *Negócios jurídicos, representação, conteúdo, forma, prova.* Atualização de Marcos Bernardes de Mello, Marcos Ehrhardt. São Paulo: Revista dos Tribunais, 2012. t. III. Coleção Tratado de Direito Privado: Parte Especial. p. 58.

que o próprio reconhecimento da união estável no direito brasileiro, inicialmente denominado sociedade conjugal de fato pela jurisprudência, teve sua origem como forma de proteger, primordialmente, a mulher que não se casava, mas não tinha renda própria, e que na separação ou na eventualidade de falecimento do companheiro ficava sem nenhuma garantia financeira.

Estas intervenções são absolutamente defensáveis na perspectiva do direito de família mínimo. O que não se concebe é a ampliação do conceito de união estável ao ponto de se extinguir a figura do namoro e de outras formas de relacionamento ainda mais breves, como previu João Baptista Vilella.[333] Trata-se de medida incompatível com a realidade, já que a população em geral procura relacionamentos líquidos bastante voláteis.

O reconhecimento da união estável como ato-fato jurídico também pode provocar uma enchente de novas causas no Judiciário. O fim de um namoro, que até pouco tempo não tinha qualquer efeito jurídico, pode se tornar uma discussão judicial longa e custosa. Será inerente ao namoro o risco de sua conversão em casamento.[334]

Este nível de ingerência estatal viola frontalmente o princípio da autonomia privada. Com a imposição da união estável aos variados relacionamentos, o indivíduo perde uma de suas únicas faculdades no âmbito do direito de família existencial: escolher a forma de realização de seu projeto afetivo, inclusive com quem ele será desenvolvido.[335]

---

333 "A intervenção na esfera da privacidade amorosa chegou a tal ponto que um diário abriu espaço para que se questionasse 'se ainda faz sentido celebrar o dia dos namorados, já que, em rigor, até mesmo esta instituição, a um só tempo, natural, alegre, espontânea, saudável e indescritível, que é o namoro, parece ter-se convertido em modalidade de casamento'" (VILLELA, João Baptista. Repensando o direito de família. *In*: PEREIRA, Rodrigo da Cunha (Coord.). *Repensando o direito de família*. Belo Horizonte: Del Rey, 1999. p. 25).

334 "[...] no Brasil namorar cria direitos e deveres de estado. Tristes tempos estes em que o mundo vai perdendo o sentido do lúdico, a descontração se torna suspeita, a responsabilidade civil mora em cada esquina e o convívio humano é antes uma usina de riscos do que uma fonte do prazer" (VILLELA, João Baptista. Repensando o direito de família. *In*: PEREIRA, Rodrigo da Cunha (Coord.). *Repensando o direito de família*. Belo Horizonte: Del Rey, 1999. p. 25).

335 "No momento histórico em que o formato hierárquico da família cedeu à sua democratização, não mais existem razões que justifiquem essa excessiva e indevida ingerência do Estado na vida das pessoas. A esfera privada das relações conjugais tende cada vez mais a repudiar a interferência do poder público, não se podendo deixar de concluir que está ocorrendo uma verdadeira estatização do afeto" (DIAS, Maria Berenice. *A estatização do afeto*. Disponível em: http://buscalegis.ufsc.br/revistas/index.php/buscalegis/article/view/8182/7748. Acesso em: 11 dez. 2010); e "Em realidade, numa sociedade democrática, não há como existir dignidade humana sem autonomia privada no Direito de Família já que a família é espaço da afetividade, da busca da felicidade, enfim da liberdade de escolha" (COUTO, Lindajara

A ingerência estatal, neste nível, nada mais faz do que retirar do indivíduo sua liberdade afetiva. Por consequência, a tese do ato-fato jurídico pode, paradoxalmente, contribuir para a diminuição da própria dignidade da pessoa humana. É imperioso, portanto, que se reconheça a natureza da união estável como negócio jurídico bilateral, sendo que a vontade e o suporte fático são igualmente importantes.

3.5 A natureza jurídica do contrato de namoro

Conforme analisado no tópico anterior, a mudança no pensamento de Marcos Bernardes de Mello não alterou a ideia defendida neste livro. Ao contrário, abriu perspectivas para algumas novas reflexões e aprofundamento de outras. A soma dessa viragem teórica com a experiência do dia a dia da advocacia familiarista trouxe perguntas que deságuam na natureza jurídica do contrato de namoro.

Como defendido desde as primeiras linhas das nossas reflexões, o contrato de namoro é uma espécie de negócio jurídico de direito de família. A noção, porém, merece maior detalhamento. Que significa isso – ser um negócio jurídico de direito de família? Significa que cria, modifica ou extingue relações jurídicas familiares.[336] Ou, com maior precisão ainda, declara a inexistência de uma relação jurídica familiar.

A nota característica do contrato de namoro é, justamente, ser um negócio jurídico declarativo. Um negócio jurídico próprio e independente do negócio jurídico união estável que se declara inexistente,[337] justamente

---

Ostjen. Constitucionalização do direito civil de família: o paradoxal crescimento do direito fundamental da autonomia privada. *IBDFAM*. Disponível em: http://www.ibdfam.Org.br/?artigos&artigo=460. Acesso em: 20 dez. 2010).

[336] O objeto de preocupação aqui é bastante delimitado, impedindo digressões teóricas interessantes, mas intrincadas. Porém, não se pode deixar de mencionar que, ao menos dentro da perspectiva ponteana, é mais adequado falar-se em contratos de direito de família, do que em negócios jurídicos. Isso porque, no âmbito do direito de família, o gênero "negócios jurídicos" manifesta-se na espécie bilateral (= criam direitos e deveres recíprocos), ou seja, contratos, estando excluídos deste campo os negócios jurídicos unilaterais. Daí a razão pela qual Pontes de Miranda escreve: "O direito de família tem a figura do contrato, e por ele criam-se, modificam-se ou extinguem-se relações jurídicas familiares, de que se irradiam direitos, deveres, pretensões e obrigações, ações e exceções. O casamento é contrato. A adoção é contrato. O restabelecimento da sociedade conjugal é contrato [...]" (PONTES DE MIRANDA, Francisco Cavalcanti. *Negócios jurídicos, representação, conteúdo, forma, prova*. Atualização de Marcos Bernardes de Mello, Marcos Ehrhardt. São Paulo: Revista dos Tribunais, 2012. t. III. Coleção Tratado de Direito Privado: Parte Especial. p. 283).

[337] Nunca é demais relembrar que a declaração pode ser sobre a existência ou a inexistência de relação jurídica (PONTES DE MIRANDA, Francisco Cavalcanti. *Tratado das ações* – Ações declarativas. São Paulo: Revista dos Tribunais, 1975. t. II. p. 75).

por não existir uma união estável nem a intenção de a constituir. Nas lições de Pontes de Miranda:

> O negócio jurídico declarativo não tem a função de simples iluminação da relação ou situação jurídica anterior, como aconteceria à lavratura de escritura pública para instrumentar, melhor, o negócio jurídico que podia ser por escrito particular e assim fora assinado. O negócio jurídico declarativo supõe mais: tem a função de declarar, de *de*-clarar, com eficácia sua, independente do que possa haver de obscuridade no negócio declarado.[338]

Mais: o contrato de namoro não é um negócio jurídico unilateral, no sentido de produzir efeitos para apenas uma das partes. O contrato de namoro é um negócio jurídico bilateral, tendo eficácia recíproca entre os sujeitos.[339] *Ambos os envolvidos declaram, por si, a inexistência do objetivo de constituir família, vinculando-se a tal declaração para todos os fins de direito.*

Vigendo entre nós o princípio da liberdade das formas,[340] o contrato de namoro pode ser firmado verbalmente ou por escrito. E, se escrito, por instrumento particular ou público. Por razões probatórias, o mais adequado é que o contrato de namoro seja escrito, abrindo margem para que no instrumento[341] contratual sejam inseridas outras cláusulas que não só a cláusula declaratória própria deste tipo contratual. E, com essas novas cláusulas, ainda que adequadas para bem regular o relacionamento das partes, novos potenciais problemas podem surgir.

Assim, por exemplo, o que acontece se o contrato de namoro é firmado por prazo determinado, que chega a seu termo sem que a relação afetiva entre as partes tenha terminado? Ou, seria possível que uma das partes termine o namoro e denuncie o contrato (no jargão do

---

338 PONTES DE MIRANDA, Francisco Cavalcanti. *Negócios jurídicos, representação, conteúdo, forma, prova*. Atualização de Marcos Bernardes de Mello, Marcos Ehrhardt. São Paulo: Revista dos Tribunais, 2012. t. III. Coleção Tratado de Direito Privado: Parte Especial. p. 192.

339 PONTES DE MIRANDA, Francisco Cavalcanti. *Negócios jurídicos, representação, conteúdo, forma, prova*. Atualização de Marcos Bernardes de Mello, Marcos Ehrhardt. São Paulo: Revista dos Tribunais, 2012. t. III. Coleção Tratado de Direito Privado: Parte Especial. p. 282.

340 Código Civil de 2002, art. 107: "A validade da declaração de vontade não dependerá de forma especial, senão quando a lei expressamente a exigir"

341 "Distingamos a forma do negócio jurídico e o instrumento, em que se enforma o negócio jurídico, ou que se enformam negócios jurídicos" (PONTES DE MIRANDA, Francisco Cavalcanti. *Negócios jurídicos, representação, conteúdo, forma, prova*. Atualização de Marcos Bernardes de Mello, Marcos Ehrhardt. São Paulo: Revista dos Tribunais, 2012. t. III. Coleção Tratado de Direito Privado: Parte Especial. p. 240).

direito das obrigações)? Essas questões remetem à extinção do contrato e ao poder de desligamento[342] das partes e merecem atenção.

Os contratos de namoro, dada a situação fática que têm por substrato, tendem a ser duráveis. Desta maneira, se um contrato de namoro a termo atinge esse marco temporal sem que as partes terminem o relacionamento, segue-se a mesma lógica dos contratos de longa duração: o vínculo contratual é renovado por prazo indeterminado.[343] Essa redação não seria aconselhável. O que parece mais adequado e lógico, sem dúvida, é um contrato de namoro firmado por tempo indeterminado. O vínculo do contrato de namoro permanece até que as partes tomem alguma ação para dele desligar-se: seja pelo término do namoro (*rectius* = distrato do contrato de namoro), pela denúncia ou pela celebração de outros contratos de direito de família, como a celebração de uma união estável por escritura pública ou mesmo a de um casamento. Também, de forma coerente com o que temos defendido em palestras e cursos por todo o Brasil, o princípio da primazia da realidade sempre prevalecerá, de modo que um contrato de namoro pode ser superado por uma união estável fática superveniente. Por isso mesmo é que, como se verá adiante, é fundamental inserir no contrato de namoro uma cláusula de evolução do relacionamento, a qual permite que o casal estipule previamente o regime de bens que será aplicado em eventual união estável futura.

3.6 O negócio jurídico contrato de namoro

O contrato de namoro é uma espécie de negócio jurídico no qual as partes que estão tendo um relacionamento afetivo acordam consensualmente que não há entre elas objetivo de constituir família. Por consequência, afasta-se a constituição de uma união estável e dos direitos dela decorrentes, como pensão alimentícia e direitos sucessórios.[344]

---

342 A feliz expressão "poder de desligamento" é utilizada por Rodrigo Xavier Leonardo: LEONARDO, Rodrigo Xavier. A denúncia e a resilição: críticas e propostas hermenêuticas ao art. 473 do CC/02 brasileiro. *Revista de Direito Civil Contemporâneo*, ano 3, v. 7, abr./jun. 2016, p. 93-115.

343 TOMASETTI JÚNIOR, Alcides. Comentários à Lei de Locação de Imóveis Urbanos (arts. 1º a 13º). *In:* OLIVEIRA, Juarez de (Org.). *Comentários à Lei de Locações de Imóveis Urbanos*. São Paulo: Saraiva, 1992. p. 66.

344 "Tenho defendido a possibilidade de ser celebrado entre os interessados um 'contrato de namoro', ou seja, um documento escrito em que o homem e a mulher atestam que estão tendo um envolvimento amoroso, um relacionamento afetivo, mas que se esgota nisso,

Conforme ressalta Zeno Veloso,[345] não há nada no ordenamento jurídico brasileiro que proíba a pactuação dos contratos de namoro, os quais são contratos atípicos.[346] Como todos os demais negócios jurídicos, a espécie contratual analisada deve observância aos ditames estabelecidos pela parte geral da codificação. Assim, para que seja válido, é necessário que os agentes sejam capazes e o objeto seja lícito, possível, determinado ou determinável, observando forma prescrita ou não defesa em lei (conforme dicção do art. 104 do Código Civil brasileiro).[347] Também, observa-se que o documento poderá ser público ou privado, como ensina Regina Beatriz Tavares da Silva.[348]

Consoante delineado, existem situações em que namoro e união estável serão separados por uma linha muito tênue. O critério diferenciador estaria na intenção de constituir ou não família, como explica Zeno Veloso:

> Entretanto, se os parceiros estão apenas namorando, embora um namoro de pessoas adultas, com aspectos de modernidade, como o fato de um passar dias e noites na casa do outro, e vice-versa, de frequentarem bares, restaurantes, festas, de viajarem juntos, hospedando-se no mesmo hotel etc., quem vê de fora, e diante daquela convivência, que é pública, contínua, duradoura, pode concluir que está diante de uma união estável. E não é o caso, pois, apesar da aparência, falta àquele relacionamento um requisito capital, essencial: o compromisso, o objetivo, a vontade de constituir uma família. Não se trata de uma união estável, mas de namoro prolongado.[349]

---

não havendo interesse ou vontade de constituir uma entidade familiar, com as graves consequências pessoais e patrimoniais desta" (VELOSO, Zeno. *Contrato de namoro*. Disponível em: www.soleis.com.br. Acesso em: 20 dez. 2010).

345 VELOSO, Zeno. *Contrato de namoro*. Disponível em: www.soleis.com.br. Acesso em: 20 dez. 2010.

346 Segundo o art. 425 do Código Civil brasileiro: "É lícito às partes estipular contratos atípicos, observadas as normas gerais observadas nesse Código".

347 Quando esta obra foi escrita, em 2011, mencionamos expressamente em texto a possibilidade da realização do contrato de namoro por casais homoafetivos, devido à controvérsia que ainda pairava sobre o tema e em razão de a decisão proferida pelo STF sobre as uniões homoafetivas ser recente. Felizmente, hoje esse é um tema superado, e é óbvio e inequívoco que os casais homoafetivos podem pactuar qualquer instrumento para regular sua vida afetiva.

348 Conforme inteligência do art. 107 do Código Civil brasileiro: "A validade da declaração de vontade não dependerá de forma especial, senão quando a lei expressamente a exigir" (SILVA, Regina Beatriz Tavares da. *O mal falado contrato de namoro*. Disponível em: www.flaviotartuce.adv.br/artigosc/Regina_namoro.doc. Acesso em: 2 dez. 2010).

349 VELOSO, Zeno. *Contrato de namoro*. Disponível em: www.soleis.com.br. Acesso em: 20 dez. 2010.

Apesar de a hipótese acima descrita ser bastante corriqueira na atualidade, boa parte da doutrina civilista ainda insiste em não a reconhecer. Alegam estes autores que o contrato de namoro seria uma figura inócua por ser eivada de nulidade. Isso porque, conforme o art. 166, inc. VI do Código Civil, o negócio jurídico em apreço teria por objeto fraudar lei imperativa (no caso, a constituição de união estável). Convém esclarecer que se trata de uma posição maniqueísta, a qual apregoa que sempre haverá expressiva incongruência entre o que foi avençado e a realidade.

Com efeito, entre o que consta no documento e o desenvolvimento no plano fático, deve prevalecer o segundo. No entanto, não há razão justificável para previamente imputar às partes o ânimo de fraude à lei. Frise-se que no direito pátrio vigora o princípio da presunção da inocência.

Diante de uma possível confusão, nada melhor que facultar às próprias partes a regulamentação jurídica de um assunto tão íntimo. O exercício dessa pactuação garantiria, em última instância, um relacionamento mais sadio, tendo em vista que possíveis desconfianças restariam afastadas. Não há fundamento idôneo que justifique o ato autoritário de impedir que o casal se autorregule. Como sintetiza Mara Rúbia Cattoni Poffo:

> Deve-se permitir que estas pessoas, que pretendem namorar sem criar direitos e deveres entre si, possam se relacionar sem o receio de serem lesadas quando tiver fim a relação afetiva. Caso contrário, as relações não serão mais amorosas, mas sim negociais, de modo que antes de iniciaram qualquer aproximação, os pares deverão celebrar contrato de namoro para resguardarem seu patrimônio.[350]

Nesse sentido, acredita-se que "o contrato de namoro é possível, assim como cautela e caldo de galinha não fazem mal algum".[351] Não se pode esquecer que a judicialização nem sempre representa o melhor caminho para a solução de um litígio conjugal. Ao enfraquecermos as bases da autonomia privada do casal, o resultado disso certamente

[350] POFFO, Mara Rúbia Cattoni. Inexistência de união estável em namoro qualificado. *IBDFAM*. Disponível em: http://www.ibdfam.Org.br/?artigos&artigo=601. Acesso em: 18 dez. 2010.

[351] VELOSO, Zeno. *União estável*: requisitos. Disponível em: www.soleis.com.br. Acesso em: 15 dez. 2010.

será a vigência de uma lógica paternalista de desresponsabilização e de infantilização dos indivíduos.[352]

É possível extrair argumentos favoráveis ao contrato de namoro na doutrina norte-americana. Por isso, no tópico seguinte, serão apresentadas algumas breves considerações acerca do tema.

3.6.1 Aporte na doutrina estrangeira: o *common law marriage*

Neste tópico, far-se-á um estudo sobre um pacto norte-americano (*agreement of joint intent not to have a common law marriage*) análogo ao que é tema central desta obra. Para tanto, será necessário antes verticalizar o instituto de qual a figura deriva (*common law marriage*).

O chamado *common law marriage* é um instituto originário dos casamentos informais realizados na Europa antes da ocorrência da Contrarreforma da Igreja católica em 1563.[353] Até este período, o casamento era reputado assunto particular referente apenas às partes envolvidas. Assim, não estava presente a intervenção regulatória e fiscalizatória das instituições públicas. A única exceção que merece ser mencionada eram os matrimônios que envolviam sujeitos pertencentes à nobreza. Tendo em vista que nessa hipótese estavam em jogo grandes somas de riqueza, tais uniões eram realizadas observando algumas poucas formalidades.[354]

Em todos os outros casos, bastava que duas pessoas concordassem em viver como casal que o casamento estaria configurado. Sua essência, portanto, era marcada por três elementos: (i) o acordo de vontades das partes; (ii) a coabitação; e (iii) o reconhecimento do *status* de casal pela comunidade.

Contudo, com o advento do Concílio de Trento em 1563, houve uma alteração drástica das exigências para a configuração do matrimônio. O caráter informal foi abandonado e a validade do casamento

---

[352] MORAES, Maria Celina Bodin de. Uma aplicação do princípio da liberdade. *In*: MORAES, Maria Celina Bodin de. *Na medida da pessoa humana*: estudos de direito civil-constitucional. Rio de Janeiro: Renovar, 2010. p. 189.

[353] Em linhas gerais, pode-se dizer que nessa época a Igreja católica precisou se reorganizar com o intuito de fazer frente à Reforma Protestante, a qual vinha ameaçando a hegemonia do catolicismo. Esse movimento ficou conhecido como Contrarreforma.

[354] COLE, Charles D. Common-law marriage in the contemporary United States. *Nomos: Revista do Curso de Mestrado em Direito da UFC*, Fortaleza, v. 27, p. 357-365, jul./dez. 2007.

passou a depender de sua realização diante de um padre e de ao menos duas testemunhas.[355]

Mesmo com a oposição da Igreja católica, os casamentos informais continuaram a existir na Inglaterra até o ano de 1753, quando foram abolidos por Ato do Parlamento.[356] Esta constatação levou Charles Cole a afirmar que a formalidade do casamento é um requisito relativamente recente para o direito anglo-saxônico.[357]

Observa-se que o *common law marriage* foi exportado para as colônias inglesas da América do Norte criadas antes de 1753. Além disso, o ato do Parlamento inglês não provocou efeitos em todas as colônias, sendo que a maioria delas ainda reconhecia o casamento informal.

Ao menos onze estados norte-americanos reconhecem plenamente o *common law marriage*: Alabama, New Hampshire, Colorado, Oklahoma, Rhode Island, Iowa, South Carolina, Kansas, Texas, Montana e Utah, além do Distrito de Columbia. Outros estados reconhecem esta forma de casamento desde que tenham sido criados antes da data em que foram abolidos pela legislação estatal.[358]

Apesar de o *common law marriage* ser permitido em apenas onze estados e no Distrito de Columbia, deve-se destacar que a validade e os efeitos do casamento dependem do estado da Federação em que foram pactuados. Portanto, ainda que o estado da Califórnia não permita o casamento informal, deverá reconhecê-lo caso o início do relacionamento, com coabitação e ostentação à comunidade, tenha tido início no Colorado, por exemplo.

---

355 Registra-se que a este decreto se opuseram 56 cardeais que sustentavam que a Igreja não tinha poder para anular o efeito de um sacramento baseado no direito natural. Ver COLE, Charles D. Common-law marriage in the contemporary United States. *Nomos: Revista do Curso de Mestrado em Direito da UFC*, Fortaleza, v. 27, p. 357-365, jul./dez. 2007. p. 358.

356 Trata-se do "Act for the Better Preventing of Clandestine Marriage" ("Ato para Melhor Previnir Matrimônios Clandestinos"), conhecido por "Marriage Act" ("Ato do Matrimônio").

357 No original: "Therefore, one should recognize that the requirement of formal marriage is a relatively recent requirement of Anglo-American law". Tradução livre da autora: "Sendo assim, dever-se-ia reconhecer que o requerimento de casamento formal é um requerimento relativamente recente do Direito Anglo-Americano" (COLE, Charles D. Common-law marriage in the contemporary United States. *Nomos: Revista do Curso de Mestrado em Direito da UFC*, Fortaleza, v. 27, p. 357-365, jul./dez. 2007. p. 358).

358 São eles: Georgia (criados antes de 1997), Idaho (criados antes de 1996), Ohio (criados antes de 1991), Pensilvânia (criados antes de 2005) e Kentucky (reconhece o *common law marriage* somente para conferir os direitos de indenização decorrentes de acidente de trabalho). Ver: IHARA, Toni; WARNER, Ralph; HERTZ, Frederick. *Living together*: a legal guide for unmarried couples. 14. ed. Berkeley: Nolo, 2008.

Como nos estados em que o *common law marriage* é permitido não existe lei específica que regule a matéria, os elementos que o compõe somente podem ser extraídos de precedentes judiciais que apreciaram a questão. A partir de uma sistematização feita pela doutrina, quatro requisitos são apontados: (i) as partes[359] devem ter capacidade para casar; (ii) deve haver mútua vontade de ter um relacionamento permanente e exclusivo; (iii) coabitação;[360] e (iv) o casal deve se mostrar para a comunidade como casal.[361] Este último requisito costuma ser o mais importante, já que os precedentes da maioria dos estados não reconhecem relacionamentos secretos ou clandestinos como casamentos.[362]

Nas Cortes estadunidenses, os casos mais recorrentes envolvendo *common law marriage* dizem respeito ao crescente número de casais que passou a viver junto após ter se divorciado formalmente em um primeiro casamento.

No caso *Copeland v. Richardson*, por exemplo, Betty e William haviam sido formalmente casados de 1974 a 1981. Após cerca de um ano da obtenção do divórcio judicial, o casal reatou a união e passou a residir novamente junto. Essa situação se perpetuou até 1987, ano em que William faleceu. Durante o processo de discussão de herança, uma filha que William havia tido antes de se casar com Betty requereu para si a totalidade dos bens do pai, tendo em vista que, à literalidade da lei, William era um homem divorciado.

---

359 Quando esta obra foi escrita, a Suprema Corte dos Estados Unidos ainda não havia enfrentado a constitucionalidade do casamento homoafetivo (caso *Obergeffell v. Hodges*). Assim, era requisito do *commow law marriage* que o casal fosse composto por um homem e uma mulher. Atualmente, tanto pela decisão da Suprema Corte, como por disposições específicas inseridas nas legislações estaduais, felizmente, isto não é mais um requisito. *Vide*: ESTADOS UNIDOS DA AMÉRICA. Suprema Corte. *Petition for the Writ of Certiorari*. Obergefell v. Hodges. 576 U.S. James Obergefell, et al., Petitioners v. Richard Hodges, et al. Opinião Majoritária: Justice Kennedy. Disponível em: https://www.supremecourt.gov/opinions/14pdf/14-556_3204.pdf. Acesso em: 28 abr. 2022; SAME-SEX Common Law Marriage in Texas. *TexasLawHelp.org*, 2021. Disponível em: https://texaslawhelp.org/article/same-sex-common-law-marriage-in-texas. Acesso em: 28 abr. 2022; KARLIK, Michael. State Supreme Court recognizes same-sex common law marriages prior to 2015 legalization. *Colorado Politics*, 2021. Disponível em: https://www.coloradopolitics.com/news/state-supreme-court-recognizes-same-sex-common-law-marriages-prior-to-2015-legalization/article_9c244ad4-5443-11eb-9f98-77fc33e399d9.html. Acesso em: 28 abr. 2022.

360 O requisito de coabitação é relativizado pelas Cortes nos casos em que o afastamento do lar do casal for justificado por motivo de trabalho.

361 COLE, Charles D. Common-law marriage in the contemporary United States. *Nomos: Revista do Curso de Mestrado em Direito da UFC*, Fortaleza, v. 27, p. 357-365, jul./dez. 2007. p. 359-360.

362 COLE, Charles D. Common-law marriage in the contemporary United States. *Nomos: Revista do Curso de Mestrado em Direito da UFC*, Fortaleza, v. 27, p. 357-365, jul./dez. 2007. p. 360.

Diante disso, Betty procurou o Judiciário norte-americano para exigir seus direitos sucessórios na qualidade de esposa de *common law marriage*. O tribunal ouviu uma série de testemunhas e constatou que William e Betty de fato eram reconhecidos pela comunidade como marido e mulher.[363] Outras provas acolhidas pela corte foram a existência de conta bancária conjunta, a realização de viagens e a divisão de tarefas entre o casal durante os cinco anos que passaram juntos. Assim, foram reconhecidos o casamento e os efeitos decorrentes dele (direitos sucessórios de Betty).

3.6.1.1 O acordo de intenções em comum para a não configuração de *common law marriage* (*agreement of joint intent not to have a common law marriage*)

Conforme explanado, o *common law marriage* se perfaz sem que tenha havido a celebração de qualquer tipo de cerimônia ou a observância de formalidades perante o Estado. Basta que o casal tenha capacidade para contrair o matrimônio, deseje ter um relacionamento permanente e exclusivo, coabite e, ainda, que a comunidade em que reside reconheça seus integrantes como marido e mulher.

Considerando o cunho informal que norteia sua constituição, não seria exagero aventar situações em que as partes – plenamente capazes, vivendo um relacionamento amoroso, coabitando, e identificadas como casal pela sociedade – simplesmente não quisessem ver configurado um *common law marriage*.

Eis que, diante da extensão de seus efeitos e da possibilidade de ser reconhecido em todo o território norte-americano, casais que não têm a intenção de sofrer efeitos do *common law marriage* adotam uma medida muito semelhante àquela defendida nesta obra: assinam um acordo em que deixam claro o intento de não ver reconhecida essa modalidade matrimonial.

O acordo de intenções em comum para a não configuração de *common law marriage* (*agreement of joint intent not to have a common law marriage*) pode ser firmado por inúmeras razões. Afinal, é cada vez maior o número de casais que vive junto sem, no entanto, contrair matrimônio.

Para muitas pessoas, a intervenção do Estado no relacionamento amoroso vivido é algo indesejado. Como bem disse Göran Lind,

---

363 COLE, Charles D. Common-law marriage in the contemporary United States. *Nomos: Revista do Curso de Mestrado em Direito da UFC*, Fortaleza, v. 27, p. 357-365, jul./dez. 2007. p. 361.

"Casamento é uma ótima instituição – mas quem deseja viver em uma instituição?".[364] Também, aqueles que tiveram um casamento formal e que posteriormente se divorciaram tendem a evitar a possibilidade de passar novamente por uma desgastante dissolução judicial da união.[365]

Para além disso, existem várias consequências práticas que fazem com que as partes sopesem o que seria mais vantajoso: ter ou não ter um *common law marriage*. A doutrina aponta que existem vários casos em que o indivíduo precisa realmente ter certeza de que não ocorrerá a formação de um novo matrimônio, sob pena de ver perecer um direito anteriormente obtido. No ordenamento jurídico norte-americano, seria o caso de benefícios relativos ao seguro social, além do pagamento de pensões e de verbas de cunho alimentício (*alimony*). Todos eles são cessados quando há a constituição de um novo casamento. O problema é que nem sempre a união em pauta seria de fato *common law marriage*. Poderia se tratar, por exemplo, de um namoro em que o casal, no afã de cortar custos, coabita.[366]

Outro caso peculiar envolve os gastos decorrentes de tratamentos médicos. Ocorre que nos Estados Unidos da América aquele que casa se torna responsável pelo bem-estar do cônjuge, incluindo eventuais cuidados que envolvam a saúde do outro.[367] Ressalta-se que neste país não há um sistema público de cobertura universal na área de saúde.[368] Assim, aproveitando o exemplo dado acima (de um namoro em que

---

[364] "Marriage is a great institution – but who wants to live in an institution?" (LIND, Göran. Commom *Law marriage*: a legal institution for cohabitation. New York: Oxford University Press, 2008. p. 3).

[365] IHARA, Toni; WARNER, Ralph; HERTZ, Frederick. *Living together*: a legal guide for unmarried couples. 14. ed. Berkeley: Nolo, 2008. p. 2.

[366] IHARA, Toni; WARNER, Ralph; HERTZ, Frederick. *Living together*: a legal guide for unmarried couples. 14. ed. Berkeley: Nolo, 2008. p. 18.

[367] IHARA, Toni; WARNER, Ralph; HERTZ, Frederick. *Living together*: a legal guide for unmarried couples. 14. ed. Berkeley: Nolo, 2008. p. 18.

[368] A situação caótica do sistema de saúde fez com que o Presidente Barack Obama propusesse uma grande reforma nesse setor, cuja aprovação ocorreu em 22.3.2010. Sobre os efeitos da reforma: "A lei expande ainda o programa federal Medicaid, para os pobres, e cria um novo mercado no qual autônomos e pequenas empresas podem se juntar para comprar plano de saúde com condições melhores. A medida, com custo estimado em US$940 bilhões em dez anos, representa a maior expansão da segurança social desde a criação do Medicare e Medicaid, para os pobres e idosos, nos anos 60. A legislação ampla, que afeta virtualmente todos os americanos e atinge um sexto da economia dos EUA, estende a cobertura para cerca de 32 milhões de cidadãos americanos que hoje não tem nenhum convênio médico. A lei proíbe ainda as empresas de negar apólice com base em doenças preexistentes e corta o deficit federal em US$138 bilhões em uma década" (OBAMA comemora aprovação da reforma da saúde e deve assinar lei hoje. *Folha de S.Paulo*, 22 mar. 2010. Disponível em: http://www1.folha.uol.com.br/folha/mundo/ult94u710124.shtml. Acesso em: 21 dez. 2010).

o casal, no afã de cortar custos, coabita), questiona-se o que poderia ocorrer se uma das partes precisasse subitamente de cuidados médicos, fosse levada ao hospital por terceiros e não possuísse plano de saúde privado (realidade vivida por cerca de 32 milhões de americanos). Seria provável que o convivente contraísse uma dívida a ser paga durante todo o resto da sua vida. Por isso, o aludido acordo tem sido particularmente utilizado por idosos.[369]

A fim de ilustrar tudo o que foi dito, é apresentado a seguir um modelo do acordo de intenções em comum para a não configuração de *commom law marriage*.[370]

Agreement of Joint Intent Not to Have a Common Law Marriage

____________________ and ____________________ agree as follows:

We have been and plan to continue living together as two free, independent beings and neither of us has ever intended to enter into any form of marriage, common law or otherwise.[371]

____________________ ____________________
Signature Date

____________________ ____________________
Signature Date

Finalizado este capítulo, em que são estabelecidas as bases teóricas e a importância da realização do contrato de namoro, serão apresentados aspectos práticos importantes para sua construção, redação, instrumentalização e formalização.

369 IHARA, Toni; WARNER, Ralph; HERTZ, Frederick. *Living together*: a legal guide for unmarried couples. 14. ed. Berkeley: Nolo, 2008. p. 18.

370 IHARA, Toni; WARNER, Ralph; HERTZ, Frederick. *Living together*: a legal guide for unmarried couples. 14. ed. Berkeley: Nolo, 2008. p. 10.

371 Tradução livre da autora: "Nós vivemos juntos e assim planejamos continuar como duas pessoas livres, independentes e nenhum de nós jamais pretendeu ter qualquer forma de casamento, de common law ou de qualquer outra maneira".

CAPÍTULO 4

CONTRATO DE NAMORO: COMO CONSTRUIR, REDIGIR, INSTRUMENTALIZAR E FORMALIZAR

4.1 A advocacia preventiva de família nos dias de hoje

> *Advogados de família abriram caminho para o desenvolvimento de alternativas procedimentais ao litígio, precisamente porque nós operamos na linha de frente, assistindo às catástrofes se desdobrarem conforme a matriz de litígio inflama.*
>
> (Pauline Tesler)

A advocacia na área do direito das famílias e sucessões é, sem dúvida, uma das mais complexas (senão a mais complexa). As razões para isso são várias, mas destaca-se em especial a exigência de um profissional que precisa ser extremamente sensível e apto a realizar um atendimento humanizado e, ao mesmo tempo, possuir extrema competência técnica em uma área que está em permanente transformação doutrinária e jurisprudencial. Soma-se a isso a exigência de um olhar multidisciplinar e empático.

Como se verá adiante, o momento atual é muito vocacionado para que as pessoas organizem suas vidas afetivas e seus reflexos jurídicos. Sem dúvida, adotar estratégias preventivas representa a possibilidade de otimizar inúmeros recursos relevantes, como tempo, dinheiro e, principalmente, bem-estar.

Francesco Carnelutti já dizia que o advogado é o primeiro juiz da causa. Na contemporaneidade, essa frase tem se tornado cada vez mais verdadeira. E é possível ir além: mais do que bem aquilatar a pertinência de aforar ou não determinada demanda judicial, cabe hoje à advocacia mapear situações em que o conflito possa ser evitado.

A área de família e sucessões tem sido fonte de muitas inquietações nucleadas na falta de previsibilidade e insegurança jurídica em temas fundamentais dessas matérias. São exemplos: a posição do companheiro como herdeiro necessário ou não, a possibilidade de decretação do divórcio de modo liminar, entre tantos outros. Há grandes divergências doutrinárias, oscilações jurisprudenciais, uma multiplicidade de atos normativos emanados por tribunais estaduais e entendimentos diversos dos tabeliães. Lamentavelmente, percebe-se que não há uma ética precedentalista formada sobre diversos temas.

Diante de tamanha insegurança jurídica, os familiaristas experimentam imenso desconforto e tensão ao posicionar clientes sobre determinados temas, pois muitas vezes não há como indicar contornos precisos a respeito de determinada situação jurídica trazida pelas partes. Esse cenário revela a importância de as partes firmarem instrumentos preventivos acerca das suas relações afetivas, entre eles o contrato de namoro.

4.2 Superando o tabu do planejamento afetivo

Apesar dos inúmeros benefícios que uma advocacia preventiva pode agregar nesse campo, ainda é comum que o contrato de namoro encontre certas resistências. A razão disso está na dificuldade que se impõe às partes e seus advogados em apresentar uma solução jurídica que poderia ser um verdadeiro anticlímax para o relacionamento afetivo (com riscos inclusive de abreviar a sua existência).

É necessário ressignificar a premissa equivocada de que cuidar dos expedientes práticos do relacionamento seria algo contrário ao romantismo, um balde de água fria na chama da paixão nutrida pelo casal. Como já dito anteriormente, o contrato de namoro nada mais é que um ato concreto de responsabilidade afetiva e de respeito ao sentimento do outro na medida em que haverá um alinhamento de expectativas feito com muita transparência e de forma prévia.

No Brasil existe ainda um tabu sobre abordar de forma franca e direta temas de caráter patrimonial no campo dos relacionamentos afetivos, o que é absolutamente hipócrita. Isso porque o fato de justamente não falar sobre e de não planejar os eventuais direitos e deveres que serão incluídos ou excluídos das relações é exatamente o que tem gerado inúmeras situações de conflito, sofrimento, desamparo e deslealdades. Sem dúvida, o caminho da transparência e da ética é sempre o mais indicado.

Uma alternativa para quando o familiarista se depara com clientes que demonstram certa falta de clareza interna, medo de desagradar o outro e dificuldade de estabelecer comunicação assertiva, é sugerir a participação de um profissional da saúde mental (terapeuta ou psicólogo). Sem dúvida, a formação de uma equipe multidisciplinar só vem a somar e garantir conforto e lisura para todos os envolvidos no processo.

Situação peculiar e muito corriqueira no cotidiano dos familiaristas envolve também o tom de novidade que o contrato de namoro ainda possui. A verdade é que a maioria das pessoas sequer tem noção das consequências jurídicas que o eventual reconhecimento judicial equivocado de uma união estável pode gerar. O senso comum ainda entende que, para haver algum tipo de direito e dever em um relacionamento, seria exigida certa formalização por meio da prática de atos solenes como a assinatura de documentos, celebrações religiosas, festivas ou em cartórios. É bastante perceptível a surpresa de muitos clientes quando o conteúdo do art. 1.723 do CC é explicado com riqueza de detalhes.

Dentro desse contexto, é importante que o cliente compreenda que o sistema atual brasileiro é de *opt-out*. Caso não haja o objetivo de constituir de família, é incentivado que as partes assim pactuem para que não haja necessidade de intervenção do Poder Judiciário no futuro.

Tomar as rédeas e fazer as próprias escolhas no campo afetivo é o mínimo que se espera dentro da ambiência de um Estado democrático de direito. Desse modo, assinar um contrato de namoro será a oportunidade de o casal fazer as suas livres escolhas, evitando que um juiz decida por eles.

4.3 O contrato de namoro como ato concreto de responsabilidade afetiva

Na linha do que já foi exposto, percebe-se que o Poder Judiciário tem sido excessivamente demandado e abarrotado de ações judiciais que poderiam ser evitadas caso as partes tivessem se valido de expedientes preventivos no campo do direito das famílias.

A parte mais triste desse fenômeno beligerante é que aqueles conflitos que mais precisavam de atenção e cuidado do Poder Público acabam sendo negligenciados e ficam sem um tratamento adequado diante dessa avalanche de processos.

É com muito pesar que a advocacia familiarista constata diariamente a inaceitável demora de ações que envolvem violações gravíssimas de direitos de crianças, adolescentes, idosos, pessoas com deficiência, mulheres que sofreram violência doméstica, entre outros grupos vulneráveis, e que não recebem a tutela necessária por conta da paralisia gerada pela judicialização excessiva. Com isso, há clara violação de uma justa expectativa de duração razoável do processo. Nesses casos, quando a ação tiver seu tão esperado fim, provavelmente terá perdido o objeto, pois as crianças e adolescentes já serão adultos; idosos, pessoas com deficiência e mulheres em situação de violência poderão até mesmo já ter ido à óbito diante desse contexto de negligência. Nesse contexto, a observação de Rui Barbosa é mais atual que nunca: "justiça atrasada não é justiça, senão injustiça qualificada e manifesta".[372]

Cabe salientar que tudo isso acarreta grandes abalos na saúde psicofísica não só das partes, mas também dos profissionais envolvidos no tratamento desses conflitos. Tem se tornado cada vez mais comum o adoecimento de advogadas e advogados que não conseguem dar conta da frustração e do sofrimento diários com a morosidade nas varas de família.

O quadro também se repete com a magistratura e com os representantes do Ministério Público. Quanto maior for o grau de comprometimento, maior será a tendência de experimentar sentimentos de agonia e impotência, quase como se tivessem "enxugando gelo" todos os dias. Isso ocorre, igualmente, com psicólogos e assistentes sociais, que, em razão do grande volume de trabalho, precisam elaborar laudos e perícias de forma muito mais superficial do que gostariam e do que seria necessário. O resultado é que esse fundamental trabalho técnico multidisciplinar acaba contribuindo pouco para o deslinde da causa por ficar bastante descritivo e pouco conclusivo.

É missão de todos aqueles que militam na área buscar soluções idôneas para a mudança real desse quadro dramático. Assim, a contribuição que este livro pretende oferecer parte da premissa de que os temas

---

372 BARBOSA, Rui. *Oração aos moços*. Edição comemorativa dos 170 anos do nascimento de Rui Barbosa. Brasília: Senado Federal, 2019. p. 58.

afetos à conjugalidade podem ser resolvidos entre as partes de forma preventiva a partir da adoção de prévias manifestações de vontade, devidamente orientadas pela advocacia especializada.

Nesse contexto, o contrato de namoro emerge como um ato concreto de responsabilidade afetiva. Isso porque sua pactuação levará as partes a conversar e buscar esclarecimentos sobre o tema e seus reflexos jurídicos. Todos ganham quando exercem de forma consciente e responsável o livre planejamento familiar, incluindo os aspectos patrimoniais e sucessórios.

Não raro, alega-se que pode haver divergência entre o casal acerca de como reconhecem o relacionamento em termos de ser ou não família. Enquanto uma das partes pode acreditar que vive um namoro, a outra pode sentir que já estão em união estável e plena comunhão de vida. O diálogo precisa ser incentivado para que as partes possam alinhar as suas legítimas expectativas da forma mais plena, o que poderá evitar inúmeros conflitos no futuro. Mas, mais do que isso, poderá poupar as pessoas de desilusões amorosas.

É certo que o amor e o afeto devem ser vividos de forma responsável, sem gerar abalos desleais aos que se dedicaram integralmente ao relacionamento. Por isso, nada melhor do que estimular a formalização da relação, com muita conversa, troca de informações e orientação jurídica.

A partir dessa ordem de ideias, defende-se que o contrato de namoro seja pactuado com o consentimento esclarecido de ambas as partes. Mais adiante, será apresentado o rol de boas práticas que se considera fundamental para o sucesso da adoção desse instrumento.

4.4 Quando é necessário pactuar um contrato de namoro?

Sem dúvida, um dos principais questionamentos sobre o contrato de namoro está em identificar precisamente em que momento do relacionamento ele se torna necessário. Tendo em vista que o objetivo do contrato é, justamente, demonstrar a ausência de vontade das partes em constituir família – e, por força de consequência, afastar o risco de uma qualificação jurídica equivocada do relacionamento como união estável – entende-se que sua formalização deve ocorrer quando o relacionamento estiver com feições típicas de namoro qualificado.

É certo que assinar um contrato de namoro antes disso não gerará qualquer prejuízo, mas parece uma medida um tanto quanto exagerada e desnecessária, normalmente gerando custos notariais e advocatícios que poderiam ser evitados. Assim, faz mais sentido adotar essa medida quando a relação afetiva já tiver evoluído em termos de intensidade e duração do vínculo.

Cabe retomar o conceito de namoro qualificado delineado pela doutrina. Em linhas gerais, ele estará configurado quando a relação amorosa vivida for pública, contínua e duradoura, porém, sem o objetivo de constituir família. A incidência do art. 1.723 do CC não ocorre em razão da ausência de seu último elemento do suporte fático, o caráter volitivo que deve sempre estar presente.

A questão ganha especial atenção nos casos em que ocorrem óbitos inesperados. Eventual ação póstuma de reconhecimento de união estável certamente gerará muita dificuldade e constrangimento para a família do falecido, pois este não poderá falar em nome próprio e aclarar sua vontade. Desta maneira, o que ocorre na prática é uma verdadeira via-crúcis nas varas de família com demandas que acabam por expor toda a intimidade das partes, escarafunchando cada detalhe em busca de aferir corretamente o elemento volitivo. Há um desgaste emocional enorme em todos os envolvidos que poderia ser evitado com um expediente preventivo: o contrato de namoro.

A magistratura já se manifestou neste exato sentido. Em 2018, o Tribunal de Justiça do Rio Grande do Sul reconheceu a união estável *post mortem* de um casal e, diante da controvérsia que se formou, lamentou que as partes não tivessem buscado expedientes jurídicos preventivos para evitar confusões indesejadas nessa área:

> Destaco que tampouco se desincumbiu o falecido de evitar mal entendidos acerca de seu relacionamento com a autora, o que poderia ter feito, por exemplo, formalizando um contrato de namoro, que afastasse a hipótese de que estivesse vivendo em união estável.[373]

O acórdão acima é sintomático e bem espelha que é mais do que chegado o momento de fomentarmos o exercício responsável da autonomia privada das partes. Ao aclararmos os efeitos jurídicos de suas decisões pessoais afetivas, afastam-se os ranços paternalistas que

---

[373] TJRS. Oitava Câmara Cível. Apelação Cível nº 70075248823. Rel. Ivan Leomar Bruxel, j. 10.5.2018.

fazem com que o Poder Judiciário precise intervir em controvérsias acerca de temas afetos à conjugalidade.

4.5 Ao que o contrato de namoro não se presta: o princípio da primazia da realidade

De maneira coerente com todos os demais institutos da ordem jurídica, o contrato de namoro não pode ser utilizado de forma desvirtuada e fraudulenta. Assim, na eventualidade de as partes efetivamente viverem em união estável, de nada adiantará pactuar o instrumento afirmando tratar-se de mera relação de namoro ou de namoro qualificado.

É de fundamental importância assinalar que, como já enuncia o art. 104 do CC, a validade do negócio jurídico requer objeto lícito. Assim, não podem as partes contratualizar algo diferente da verdade e da realidade dos fatos. Na mesma linha, o art. 166, inc. VI, do mesmo diploma, prevê que são nulos os negócios jurídicos que possuem objetivo de fraudar lei imperativa. Aqui, a nulidade se configura em razão de as partes buscarem afastar a aplicação do art. 1.723 do CC quando seus requisitos já estão preenchidos no mundo dos fatos.[374]

Anderson Schreiber, com acerto, afirma: "longe de representar um negócio jurídico capaz de suprimir a eficácia de uma união estável, se existente, o contrato de namoro deve ser analisado como um elemento de prova no tocante à ausência do 'objetivo de constituição de família'". Para o autor, a mera existência de um contrato de namoro não significa:

> afastamento absoluto da configuração de união estável, mas tem peso importante na avaliação de todas as circunstâncias fáticas apontadas pelas partes a fim de facultar ao magistrado a visão mais completa

[374] O art. 104 do Código Civil, em seu inc. I, prevê que a validade do negócio jurídico requer agente capaz. Assim, caberia questionar se menores de idade poderiam firmar o contrato de namoro. A questão é instigante e a resposta para a real eficiência dessa medida depende necessariamente do entendimento sobre a (im)possibilidade de reconhecimento de união estável entre adolescentes. O debate é muito polêmico pelo fato de que a Lei nº 13.811/2019 só proíbe textualmente casamentos de menores de dezesseis anos, nada mencionando sobre a união estável. Para aprofundamento do tema, sugere-se a leitura de: MATOS, Ana Carla Harmatiuk; OLIVEIRA, Lígia Ziggiotti de. Paradoxos entre autonomia e proteção das vulnerabilidades: efeitos jurídicos da união estável entre adolescentes. *In:* TEIXEIRA, Ana Carolina Brochado; DADALTO, Luciana (Org.). *Autoridade parental*: dilemas e desafios contemporâneos. Indaiatuba: Foco, 2019. p. 65-79.

possível do relacionamento, contribuindo para determinar se aquele vínculo configurava ou não relação familiar.[375]

O tema já foi devidamente enfrentado em sede jurisprudencial, inclusive de forma absolutamente acertada pelo Superior Tribunal de Justiça nos seguintes termos:

> [...] pela regra da primazia da realidade, um "contrato de namoro" não terá validade nenhuma em caso de separação, se, de fato, a união tiver sido estável. A *contrario sensu*, se não houver união estável, mas namoro qualificado que poderá um dia evoluir para uma união estável, o "contrato de união estável" celebrado antecipadamente à consolidação desta relação não será eficaz, ou seja, não produzirá efeitos no mundo jurídico.[376]

Uma hipótese um pouco mais remota envolveria situação em que as partes firmam o contrato de namoro de maneira simulada, contendo declaração ou cláusula não verdadeira (conforme dicção do art. 167, §1º, inc. II, CC). Novamente será caso de nulidade, sendo que o contrato não será suscetível de confirmação nem convalescerá pelo decurso do tempo (conforme o art. 169 do CC).

Diante desse panorama, resta bastante claro que não há qualquer efeito prático em pactuar um contrato de namoro que não esteja em consonância com a verdade dos fatos e a vontade das partes. Pior: atitudes de má-fé e ilícitas nesse campo poderão gerar muitos dissabores futuros, incluindo sanções processuais e pecuniárias.

4.6 Boas práticas para a construção do contrato de namoro

Considerando a delicadeza do tema, por envolver questões extremamente pessoais e de ordem íntima dos clientes, é importante que

---

375 SCHREIBER, Anderson. A contratualização das relações afetivas. *Jota*, 1º mar. 2022. Disponível em: https://www.jota.info/opiniao-e-analise/colunas/coluna-do-anderson-schreiber/a-contratualizacao-das-relacoes-afetivas-01032022. Acesso em: 1º maio 2022. No mesmo sentido, Paulo Lôbo também considera que o contrato de namoro é um importante documento que pode servir como elemento de prova (LÔBO, Paulo. *Direito civil*: famílias. 10. ed. São Paulo: Saraiva, 2020. v. 5. p. 177).

376 AgInt no AREsp nº 1.149.402/RJ. Rel. Min. Og Fernandes, Segunda Turma, j. 21.3.2018. *DJe*, 3 abr. 2018. A referida decisão cita, nesse trecho, o seguinte acórdão: TRF2. Sétima Turma. APELREEX nº 201451010047794. Rel. Sergio Schwaitzer, dec. 4.3.2016, disp. 8.3.2016.

o advogado, ao se deparar com um caso em que se discute a natureza de um relacionamento e seus efeitos jurídicos, tenha uma escuta ativa e realize um atendimento humanizado. Isso envolve uma atitude de não julgamento, acolhimento, atenção e empatia. Um atendimento superficial, sem adentrar aos detalhes do caso concreto, não será profícuo e poderá gerar nos envolvidos o sentimento de que sua situação pessoal não é relevante ou digna de consideração.

É um desafio entender o que as partes realmente estão buscando e qual o exato auxílio de que necessitam. Assim, o advogado terá a missão de posicioná-las sobre quais os riscos enfrentados e quais as soluções possíveis naquela situação. Caso as partes exponham que não vivem em comunhão de vidas e não possuem o intuito de constituição de família, desejando afastar eventual caracterização de união estável, o contrato de namoro será o instrumento que materializará a vontade do casal.

Com o objetivo de contribuir com a advocacia familiarista, sugerem-se etapas fundamentais a serem repassadas pelos advogados com seus clientes quando procurados para realizar um contrato de namoro. É certo que essas etapas não esgotam a abordagem do tema junto às partes, cabendo aos advogados, a partir do contexto fático do caso, trazer questionamentos específicos que se fizerem necessários. Desta forma, é preciso: i) identificar o enquadramento jurídico do relacionamento relatado pelo casal; ii) obter as informações para o desenvolvimento do caso e compreender os interesses das partes; iii) acolher e buscar soluções adequadas ao caso concreto; iv) desconstruir tabus, preconceitos e mitos sobre o tema com argumentos técnicos, superando eventuais objeções das partes.

É fundamental que os advogados avaliem se efetivamente trata-se de um namoro qualificado e, portanto, que justifique a realização de um contrato de namoro. Essa verificação se dará a partir da análise da presença ou não dos elementos caracterizadores da figura no caso específico extraído do diálogo com as partes: união pública, contínua e duradoura, sem o objetivo de constituição de família.

Expostas as premissas de atuação do advogado na construção de um contrato de namoro, bem como a análise de elementos norteadores do caso concreto, também é importante destacar alguns aspectos que dizem respeito aos advogados enquanto prestadores desta consultoria. Como a análise do contexto dos clientes perpassa diversos aspectos da subjetividade do casal, para se resguardar profissionalmente é preciso lançar mão de diversas ferramentas úteis para demonstrar que todo o processo de construção do contrato de namoro se deu com a lisura e transparência necessárias.

Uma primeira ferramenta é a confecção de atas das reuniões tidas com o casal e com cada uma das partes individualmente. Ao validá-las com os clientes, tem-se um registro escrito das ideias e necessidades expressas por cada um, além de ser um exercício de verificação da correta compreensão das informações trocadas nos atendimentos.

Uma segunda ferramenta é documentar as diversas mudanças na minuta do contrato de namoro ocorridas durante as tratativas de confecção. Quando o processo de construção é feito de forma dialogada e refletida pelas partes, ajustes e adaptações à realidade concreta do casal certamente ocorrerão até que se chegue à versão final do documento.

Estas medidas servem não apenas para resguardar a advocacia, mas também como registro da real intenção das partes na confecção das cláusulas do contrato, as quais serão objeto de análise a seguir.

4.7 Cláusulas essenciais para o contrato de namoro

Com o objetivo de auxiliar o leitor a identificar alguns itens importantes para constar em um contrato de namoro, é trazido a seguir rol de conteúdos a ser abordado nas cláusulas do contrato. A listagem está longe de ser exaustiva, cabendo aos advogados, a partir do contexto fático do caso, inserir novas cláusulas construídas na exata medida das necessidades e expectativas do casal.

É preciso dizer o óbvio: a essência de um contrato de namoro reside na cláusula que declara que o relacionamento existente entre as partes constitui só namoro, não existindo interesse de constituir família. Sem isso, não há um contrato de namoro:

> CLÁUSULA DO OBJETO. As Partes declaram, para todos os fins de Direito, que o relacionamento afetivo existente entre si configura única e tão somente namoro, iniciado em [dia]/[mês]/[ano], sendo que nunca tiveram e não têm o intuito de constituir família.

Por outro lado, as cláusulas que tratam do término do namoro são igualmente importantes para que não haja dúvidas de como o desligamento contratual será operado. O tema será objeto de aprofundamento em tópico a seguir. É recomendável que o contrato contenha cláusulas que direcionem um eventual encerramento para algo ameno e consensual. Também, é possível prever mecanismos para tornar mais fácil a solução de questões típicas da dinâmica de namoros, como a necessidade de devolução de pertences de um namorado em posse do outro:

> CLÁUSULA DE TÉRMINO DO RELACIONAMENTO. O presente contrato poderá ser denunciado por qualquer uma das Partes em qualquer tempo, independentemente da aceitação da outra Parte.
>
> CLÁUSULA DE TÉRMINO DO RELACIONAMENTO. Na hipótese de o presente contrato ser denunciado por qualquer uma das Partes, os bens de uso pessoal que eventualmente estiverem na posse do outro serão devolvidos no prazo de 48 (quarenta e oito) horas, sem qualquer tipo de extravio.
>
> CLÁUSULA DE TÉRMINO DO RELACIONAMENTO. Na hipótese de o presente contrato ser denunciado por qualquer uma das Partes, qualquer tipo de compartilhamento eventualmente existente entre os namorados de cartões de crédito, títulos de clube, perfis nas redes sociais, serviços de streaming, e quaisquer outros, será imediatamente cessado, ficando à disposição do seu titular originário.
>
> CLÁUSULA DE TÉRMINO DO RELACIONAMENTO. Na hipótese de o presente contrato ser denunciado por qualquer uma das Partes, não haverá o que se falar em devolução de presentes trocados entre os namorados ao longo do namoro.
>
> CLÁUSULA DE TÉRMINO DO RELACIONAMENTO. Não há nem haverá qualquer penalidade pela denúncia do presente contrato, ressalvadas eventuais perdas e danos efetivamente comprovados pela Parte não denunciante.

Ainda, outra cláusula de grande relevância é a de evolução do relacionamento, ou cláusula darwiniana,[377] que prevê a possibilidade de o namoro se transmutar em uma união estável. Ela traz significativos reflexos patrimoniais, pois é possível delimitar qual o regime de bens escolhido pelo casal caso o relacionamento se transforme em uma união estável. Esta cláusula é importante principalmente em razão de

---

[377] CATAN, João Henrique Miranda Soares. O réquiem dos contratos de namoro e a possibilidade da instituição da cláusula darwiniana. *IBDFAM*, 10 jun. 2013. Disponível em: https://ibdfam.org.br/artigos/890/O+r%C3%A9quiem+dos+contratos+de+namoro+e+a+possibilidade+da+institui%C3%A7%C3%A3o+da+cl%C3%A1usula+darwiniana. Acesso em: 29 abr. 2022.

posicionamento firmado no STJ[378] pela impossibilidade de retroagir os efeitos da escolha do regime de bens quando da formalização da união estável. Assim, se e quando houver a conversão do namoro em união estável, desde o início desta já estaria sendo aplicado o regime de bens declinado no contrato de namoro:[379]

> CLÁUSULA DE EVOLUÇÃO DO RELACIONAMENTO. As Partes entendem que não estão presentes os requisitos da união estável, mas que se um dia esta situação se modificar e estiverem presentes os pressupostos da união estável, desde já elegem, de maneira expressa o regime de bens [inserir o regime de bens], conforme arts. [inserir os dispositivos legais] do Código Civil brasileiro vigente.

Para além das cláusulas de objeto, término e eventual evolução do relacionamento, as quais são elementares e obrigatórias para qualquer contrato de namoro, sugere-se a inclusão de outras cláusulas valiosas, que enriquecem os contornos do contrato, abordando aspectos patrimoniais e existenciais, bem como outras de caráter geral. Frise-se, aqui, que é fundamental que as cláusulas e os direitos e deveres nelas expostos sejam efetivamente compatíveis com um relacionamento de namoro. Com o objetivo de fornecer um arsenal de cláusulas para adequação a cada caso concreto, serão trazidos alguns exemplos de modelos.

Na seara das cláusulas que trazem repercussões patrimoniais, algumas das preocupações que buscam ser tuteladas dizem respeito à proteção contra dívidas contraídas pelos namorados individualmente, bem como sobre a administração de despesas do cotidiano do casal:

> CLÁUSULA DE INEXISTÊNCIA DE COMPARTILHAMENTO DE DÍVIDAS. As despesas, dívidas e ônus individuais, inclusive os contraídos antes do namoro, serão suportados pela Parte que os tenha dado causa.

> CLÁUSULA DE DIREITO DE REEMBOLSO. Se uma Parte não puder pagar suas despesas, dívidas ou ônus e a outra Parte pagar tais despesas

---

[378] BRASIL. Superior Tribunal de Justiça. Terceira Turma. AgInt no REsp nº 1.843.825, Rel. Min. Moura Ribeiro, j. 3.8.2021, public. 10.3.2021. O presente julgado é exemplo recente do posicionamento do STJ, conforme trecho da ementa: "[...] 2. Na linha da jurisprudência dominante no âmbito das Turmas que compõem a Segunda Seção do STJ, o regime de bens constante de escritura pública de união estável não tem efeitos retroativos".

[379] XAVIER, Marília Pedroso. O contrato de namoro como instrumento de planejamento sucessório. *In:* TEIXEIRA, Daniele Chaves (Coord.) *Arquitetura do planejamento sucessório*. Belo Horizonte: Fórum, 2022. p. 565-578.

e/ou dívidas ou arcar com os ônus em nome de tal Parte, a Parte pagadora terá o direito de reembolso.

CLÁUSULA DA DIVISÃO DE DESPESAS COMUNS DECORRENTES DA COABITAÇÃO. As despesas da coabitação serão suportadas na proporção de [inserir porcentagem em números] ([inserir porcentagem por extenso]) pelo(a) NAMORADO(A) [primeiro nome do(a) Namorado(a)] e [inserir porcentagem em números] ([inserir porcentagem por extenso]) pelo(a) NAMORADO(A) [primeiro nome do(a) Namorado(a)].

CLÁUSULA DE NÃO IMPLICAÇÃO DE PATRIMÔNIO COMUM. O eventual pagamento de dívida individual de um namorado pelo outro não implicará em constituição de patrimônio comum, tampouco dependência financeira um do outro.

CLÁUSULA DE FORMALIZAÇÃO DE EVENTUAL AQUISIÇÃO DE PATRIMÔNIO COMUM. Caso as Partes pretendam obter bens por esforço conjunto, reduzirão por termo escrito a proporção de cada um no respectivo bem. Em nenhuma hipótese haverá presunção de copropriedade de bens.

CLÁUSULA DE MANUTENÇÃO DO PATRIMÔNIO INDIVIDUAL. O patrimônio individual de cada Parte continuará sendo titularizado de forma individual.

CLÁUSULA DE MANUTENÇÃO DO PATRIMÔNIO INDIVIDUAL. As Partes poderão presentear um ao outro livremente, bem como manter o compartilhamento de cartões de crédito, títulos de clube, perfis nas redes sociais, serviços de streaming, e quaisquer outros, porém, tal comportamento não implicará em constituição de patrimônio comum, tampouco dependência financeira um do outro.

As cláusulas de caráter existencial devem estar em consonância com a realidade, o cotidiano e os objetivos pessoais das partes. Os modelos de cláusulas a seguir se aplicam a situações específicas, como a existência de filhos exclusivos, pretensão dos namorados em cuidar conjuntamente de animais de estimação e que a coabitação não altera o *status* de namoro. Esta última, especialmente, poderá ser utilizada em contextos como eventual mudança dos namorados para moradia comum para economia de despesas, compromissos relacionados a estudo ou trabalho em outro estado da Federação ou país, bem como situações excepcionais ou temporárias.

A seguir, serão tratados alguns temas, sem prejuízo de outros que podem se fazer necessários conforme o caso concreto:

CLÁUSULA DE COABITAÇÃO. As Partes poderão ou não coabitar, sem que isso configure alteração no relacionamento de namoro.

CLÁUSULA DE NÃO PRESUNÇÃO DE PATERNIDADE. O eventual nascimento de filhos concebidos em conjunto pelas Partes não alterará o *status* de namoro previsto no presente instrumento, não se aplicando, em hipótese alguma, as presunções do art. 1.597 do Código Civil de 2002 ou de dispositivos equivalentes que venham a substituí-lo ou complementá-lo, ficando, porém, resguardados os direitos dos filhos eventualmente advindos do namoro

CLÁUSULA DE INEXISTÊNCIA DE PARENTALIDADE SOCIOAFETIVA. As Partes reservam-se ao direito de presentearem os familiares e os filhos exclusivos um do outro, devendo tais presentes serem considerados mera liberalidade e de titularidade exclusiva de quem os receber, sem que isso configure, de qualquer modo, indício ou prova de obrigação de sustento, tampouco de [paternidade e/ou maternidade] socioafetiva do(a) NAMORADO(A) [Primeiro nome do(a) Namorado(a)] com relação aos filhos exclusivos do(a) NAMORADO(A) [Primeiro nome do(a) Namorado(a)].

CLÁUSULA DE EXERCÍCIO DE TUTELA DOS ANIMAIS DE ESTIMAÇÃO. As Partes poderão adquirir animais de estimação em conjunto, na qualidade de tutores, devendo ser ajustadas as regras acerca da guarda, da responsabilidade e da convivência com o animal.

CLÁUSULA DE RATEIO DE DESPESAS COM OS ANIMAIS DE ESTIMAÇÃO. As despesas com eventuais animais de estimação adquiridos em conjunto serão suportadas na proporção de [inserir porcentagem em números] ([inserir porcentagem por extenso]) pelo(a) NAMORADO(A) [primeiro nome do(a) Namorado(a)] e [inserir porcentagem em números] ([inserir porcentagem por extenso]) pelo(a) NAMORADO(A) [primeiro nome do(a) Namorado(a)].

CLÁUSULA DE PRESERVAÇÃO DA INTIMIDADE E DA DIGNIDADE. As partes se comprometem neste ato a não expor a intimidade um do outro de forma ostensiva e em prejuízo da privacidade do outro; desse modo, comprometem-se irrevogavelmente a ter postura reservada, em especial nas diversas redes sociais nas quais tenham conta ou que possam vir a ter, de modo que jamais poderão revelar informações confidenciais um do outro, sejam elas pessoais ou profissionais, bem como jamais poderão expor fotos íntimas, em situações constrangedoras, ou mesmo proferirem xingamentos ou afirmações degradantes quanto à sua honra e dignidade.

Há cláusulas de caráter geral no contrato de namoro que reforçam a vontade livre e esclarecida dos namorados na pactuação. Também é importante a presença de cláusulas comuns a qualquer contrato, como a cláusula de vigência e de eleição de foro:

> CLÁUSULA DE PRAZO DE VIGÊNCIA. O presente contrato vige por tempo indeterminado.
>
> CLÁUSULA DAS DISPOSIÇÕES FINAIS. As Partes declaram expressamente que a assinatura do presente instrumento é realizada livre de coação e de qualquer constrangimento físico ou moral, com pleno discernimento, por sua livre e espontânea vontade, não havendo qualquer espécie de vício ou defeito do negócio jurídico.
>
> CLÁUSULA DAS DISPOSIÇÕES FINAIS. As Partes declaram que cada cláusula, parágrafo e inciso do presente instrumento foi discutido, estudado e elaborado em conjunto.
>
> CLÁUSULA DAS DISPOSIÇÕES FINAIS. As Partes declaram expressamente que o presente contrato é realizado em caráter irrevogável, irretratável e intransferível, e que se obrigam a cumpri-lo, a qualquer título.
>
> CLÁUSULA DAS DISPOSIÇÕES FINAIS. As Partes convencionam que todas as questões pactuadas no presente contrato passarão a vigorar a partir da data da assinatura do presente contrato.
>
> CLÁUSULA DE ADOÇÃO DE MÉTODOS ADEQUADOS PARA SOLUÇÃO DOS CONFLITOS. As Partes se comprometem a solucionar eventuais conflitos que possam vir a surgir no curso do relacionamento de forma cooperativa, através de todos os meios extrajudiciais disponíveis, tais como sessões conjuntas de terapia, sessões de mediação e práticas colaborativas, sempre que necessário, evitando-se ao máximo a judicialização precoce de conflitos e a via litigiosa.
>
> CLÁUSULA DE ELEIÇÃO DE FORO. As Partes elegem a Comarca de [Cidade/UF] como foro competente para sanar eventuais divergências advindas do presente instrumento.

Depois da exposição de todas estas cláusulas-modelo, é oportuno relembrar que o rol aqui trazido é apenas exemplificativo, havendo espaço para necessária adaptação e criação de novas cláusulas. Todavia, a criatividade das partes não pode ser ilimitada. O Enunciado nº 635, da VIII Jornada de Direito Civil do Conselho da Justiça Federal, ainda que direcionado ao pacto antenupcial e ao contrato de convivência – figuras típicas de um âmbito familiar que não existe na relação de namoro –, traz importantes parâmetros para orientar o conteúdo das cláusulas, sobretudo as existenciais: "O pacto antenupcial e o contrato de convivência podem conter cláusulas existenciais, desde que estas não violem os princípios da dignidade da pessoa humana, da igualdade entre os cônjuges e da solidariedade familiar".

Desse modo, a dignidade humana deve ser tida como norte, estando presente tanto na construção do contrato de namoro como refletida no conteúdo de suas cláusulas.

Por fim, cabe um importante alerta ao leitor: podem ser necessárias algumas adaptações de forma e estilo de redação a depender da maneira (pública ou particular) escolhida para a instrumentalização do contrato de namoro.

4.8 Como pactuar o término do namoro com segurança jurídica

Questão instigante compreende a maneira correta de pactuar o término da relação de namoro (em especial, namoro qualificado) com toda a segurança jurídica para preservar as partes no presente e no futuro. É certo que o desligamento contratual nesses casos pode se apresentar sob diversas feições. A mais comum envolve analisar como um casal que assinou um contrato de namoro sob a forma pública e perante um tabelionato poderá formalizar o encerramento do relacionamento.

Considerando que o namoro, ainda que qualificado, é uma relação afetiva que não se configura como espécie de família e, por isso mesmo, não gera qualquer efeito jurídico, não há razão para burocratizar excessivamente os meios pelos quais os namorados possam sinalizar que o enlace acabou e, com isso, o contrato deve igualmente parar de vigorar.

Entende-se que é possível inserir no contrato de namoro uma cláusula prevendo que a simples declaração de qualquer uma das partes terá o condão de encerrar aquele negócio jurídico (= a denúncia do contrato, pura e simples).[380] Nesta hipótese, bastará que uma das partes se manifeste sinalizando o fim do relacionamento. Sugere-se que a outra parte seja notificada para que haja comprovação da ciência inequívoca.

Outra hipótese de desligamento é aquela em que as partes, de comum acordo, sentem a necessidade de formalizar o término da relação de namoro qualificado, o distrato. As partes podem distratar, inclusive, contrato de namoro verbal por instrumento público ou particular, oportunidade em que registram que não chegaram a assinar um contrato de namoro, mas, havendo o término da relação, pretendem formalizar que o namoro existiu, delimitam seu lapso temporal e confirmam que foi devidamente encerrado sem que gerasse qualquer tipo de efeito jurídico. Com isso, evitam surpresas com desleais judicializações futuras. Aqui, cabe frisar que o prazo prescricional para obter efeitos patrimoniais em uma ação de reconhecimento de união estável é de longos dez anos (art. 205, do CC). Assim, parece prudente deixar estabelecido de forma consensual o afastamento de qualquer repercussão dos efeitos jurídicos típicos da formação do vínculo familiar.

Uma orientação bastante interessante e que pode contribuir ainda mais para a segurança jurídica do casal que firma contrato namoro é feita por Priscila Agapito. A tabeliã titular do 29º Tabelionato de Notas de São Paulo afirma que costuma sugerir aos casais que retornem periodicamente (em geral a cada seis meses ou no máximo em um ano) para renovar a escritura pública, declarando que seguem apenas namorando nos mesmos moldes do que foi pactuado.

Poderia também ser aventada a possibilidade de aforar uma demanda judicial para este reconhecimento consensual do término. Porém, em nosso sentir, essa medida seria desnecessária e representaria um ato de judicialização excessiva. Nesse sentido, o Tribunal de Justiça do Estado de São Paulo, em 2016, manteve o indeferimento de uma petição inicial de reconhecimento e dissolução de contrato de namoro consensual sob o fundamento de que não haveria qualquer necessidade

---

380 A denúncia, como indica Rodrigo Xavier Leonardo, fruto da liberdade dos contratantes, tem efeitos *ex nunc*. A denúncia não tem o condão de modificar a declaração posta anteriormente (LEONARDO, Rodrigo Xavier. A denúncia e a resilição: críticas e propostas hermenêuticas ao art. 473 do CC/02 brasileiro. *Revista de Direito Civil Contemporâneo*, ano 3, v. 7, abr./jun. 2016, p. 93-115. p. 95).

de um ato homologatório para tanto. O processo foi extinto sem julgamento de mérito.[381]

4.9 O contrato de namoro deve ser feito pela forma pública ou particular?

Uma das questões que tem chamado a atenção da advocacia é saber se o mais indicado para os contratos de namoro seria adotar a forma pública ou privada. Nesse sentido, é importante esclarecer que não há nenhum fundamento jurídico que vincule as partes à forma pública. Cabe até mesmo uma interpretação analógica à luz do art. 1.725 do CC, pois, se para a união estável (que é verdadeira forma de família com inúmeras consequências jurídicas existenciais e patrimoniais) o instrumento particular é suficiente, não haveria como exigir mais formalidades de um contrato de namoro.

Porém, embora não haja uma vinculação cogente, é certo que a forma pública pode representar inúmeros ganhos nesse campo em termos de segurança jurídica. É que o fato de as partes terem que se dirigir ao cartório para a assinatura poderá ter o condão de afastar inúmeros argumentos que poderiam sugerir invalidades jurídicas no instrumento.

Em primeiro lugar, ficará muito difícil que uma das partes alegue desconhecimento da existência e do teor documento, como se tivesse simplesmente "assinado uma pilha de papéis sem saber o exato conteúdo". É dever do notário ler em voz alta e se certificar de que há entendimento daquilo que está sendo lavrado no ato (art. 215, inc. VI, CC).

Em segundo lugar, o documento público ficará imortalizado e sobreviverá ao decurso do tempo, eliminando riscos oriundos de perdas e de extravios das vias, já que uma nova cópia poderá ser solicitada a qualquer tempo.

Como um terceiro ponto relevante está a mitigação da possibilidade de anulação do negócio jurídico sob o fundamento de restarem configurados vícios ou defeitos do negócio jurídico, como erro, dolo, coação, estado de perigo e lesão.

---

[381] TJSP. Terceira Câmara de Direito Privado. Apelação Cível nº 1025481-13.2015.8.26.0554. Rel. Des. Beretta da Silveira, j. 28.6.2016.

Por fim, ressalta-se também que a pactuação realizada em cartório fará com que o conteúdo firmado seja dotado de publicidade, o que certamente contribuirá ainda mais para que não haja nenhum tipo de surpresas no futuro nesse campo.

Com isso, conclui-se pelo incentivo ao uso da forma pública para a pactuação de contratos de namoro como medida apta a trazer mais segurança jurídica para todas as partes envolvidas em sua elaboração e assinatura.

Porém, caso as partes optem por instrumentalizar o contrato de namoro por instrumento particular, frise-se, não há qualquer impedimento. O instrumento particular, assinado exclusivamente pelos namorados, já faz prova de sua declaração de vontade, conforme expressa disposição do art. 221 do CC. É dispensável, inclusive, o reconhecimento de firma ou a presença de testemunhas.

Na linha das ideias expostas neste tópico, todavia, quanto mais elementos probatórios forem inseridos no instrumento particular, maior é a segurança jurídica dada à manifestação de vontade dos envolvidos. Deste modo, recomenda-se, se a instrumentalização do contrato de namoro for particular, que este seja subscrito, também, por duas testemunhas, constando o nome e os dados pessoais destas. Lembrando que não podem ser testemunhas os menores de dezesseis anos, o interessado no negócio, o amigo íntimo ou o inimigo capital das partes, os cônjuges, os descendentes e os colaterais, até o terceiro grau das partes, por consanguinidade ou por afinidade (art. 228 do CC). Igualmente, recomenda-se que a autenticidade das assinaturas das partes e das testemunhas seja reconhecida por verdadeira (e não apenas o simples reconhecimento de firma), com a necessidade de assinar o próprio livro do cartório.

Mais uma vez, sublinhe-se que a falta desses cuidados não importa em invalidade do contrato de namoro. São cuidados que buscam afastar qualquer alegação de invalidade em eventual processo judicial futuro e a demonstrar para o Poder Judiciário nesse hipotético processo que a manifestação de vontade das partes foi realmente livre, inequívoca e refletida.

No sentido de contribuir ainda mais com uma visão pragmática do tema, agradecemos a generosidade de Priscila Agapito, que nos cedeu graciosamente a minuta de escritura declaratória de namoro que consta como anexo desta obra. Certamente, a leitura deste documento enriquece ainda mais as reflexões sobre o tema.

4.10 A visão dos notários sobre o contrato de namoro

Aqueles que optam pela forma pública para formalizar o contrato de namoro percebem que há certa resistência nos cartórios em adotar a nomenclatura "contrato de namoro". Apesar de a figura ter ganhado popularidade dessa maneira, o *nomen iuris* utilizado normalmente pelo tabelião é outro, a saber "escritura pública declaratória e outras avenças" ou "escritura pública declaratória de namoro".

A razão para isso é esclarecida por Gustavo Revorêdo Pugsley, tabelião e doutorando pela UFPR:

> Ao tabelião não é conferida a prerrogativa de afirmar a existência ou não de um determinado negócio jurídico. Para este profissional, cabe lavrar o ato de escritura pública, o qual se configura como um ato público que contém atos firmados pelas partes. Como já dizia Pontes de Miranda, "as partes fazem e o tabelião confaz".

Para que seja lavrada essa escritura pública, basta que as partes compareçam ao tabelionato com seus documentos básicos de identidade (como carteira de identidade, carteira de identidade profissional, carteira nacional de habilitação, passaporte ou qualquer outro que contenha o número do RG e CPF). Caso uma das partes (ou ambas) sejam casadas, isso não será um impeditivo para a lavratura da escritura pública desde que se declarem naquele ato como separadas de fato de seus consortes. Não há necessidade de apresentar o comprovante de endereço, uma vez que esse ato não possui qualquer espécie de vinculação territorial, como no caso do casamento. Assim, os namorados podem escolher livremente o tabelionato que desejarem, lembrando que pelo sistema do *e*-notariado é possível firmar essa escritura pública de forma remota e virtual.

NOTAS FINAIS

O presente estudo teve como ponto de partida as reflexões teóricas de Zygmunt Bauman acerca da configuração social da contemporaneidade. Conforme analisado, tem-se hoje uma sociedade líquido-moderna na qual os ditames do consumo adquiriram posição norteadora de todas as outras esferas da vida. A principal consequência disso foi a alteração da noção de tempo nas condutas humanas, o que gerou uma cultura imediatista regida pela mentalidade "curto prazo". Ainda na senda do consumo, constatou-se que o advento do cartão de crédito instigou o encurtamento entre satisfação e desejo, fazendo com que os indivíduos se tornem cada vez mais resistentes a frustrações.

Os reflexos da vida líquida são igualmente sentidos nas relações laborais, as quais passam a ser dominadas pela competição acirrada e pela desconfiança em relação ao outro, redundando em vínculos trabalhistas cada vez mais passíveis de rompimento.

Nesse mesmo sentido, verifica-se a existência de um medo difuso que orienta as tomadas de decisões dos cidadãos líquidos-modernos. A partir de uma profunda ansiedade em busca de segurança, as pessoas procuram se isolar cada vez mais, perdendo paulatinamente o senso de solidariedade pelo próximo. Novamente, a interação social é preterida em favor de interesses individualistas.

Dentro desse cenário de liquefação que privilegia condutas imediatistas e hedonistas, ocorrem expressivas mudanças no seio dos relacionamentos afetivos. Estes passam a ser laços predominantemente frouxos e eminentemente revogáveis. Impulsionados pela purificação do conceito de sexo, surgem novas espécies de vínculo conjugal.

O namoro é inserido dentro dessa lógica, pois, embora não se trate de um vocábulo novo, seu significado atual destoa da visão tradicional de décadas atrás. Assim, o casal de namorados vivencia hoje experiências que só poderiam ser tidas após o casamento, como viagens, relações sexuais, coabitação, entre outras. Ademais, o namoro não é mais encarado como mero período experimental que conduz necessariamente ao casamento. Pode-se dizer que ganhou contornos autônomos, o que faz com que casais optem por vivenciar namoros de longos anos.

Ocorre que, por vezes, esse relacionamento é tomado por uma complexidade tão grande que o leva a ser confundido com uma união estável, fazendo com que ao namoro sejam imputadas as consequências jurídicas às quais o reconhecimento desta entidade familiar necessariamente conduz.

Diante disso, defende-se nesta obra que a união estável deve ser compreendida como negócio jurídico bilateral, no qual além de suporte fático (*convivência pública, contínua e duradoura*) deve necessariamente haver a manifestação do elemento volitivo do *objetivo de constituir família*.

Embora não haja consenso sobre o que é família no direito brasileiro, conceito cada vez mais plural, nota-se que a pactuação de um contrato de namoro seria suficiente para tornar claro o intento de não formar uma entidade familiar e, portanto, afastar a configuração de união estável. Isso porque o contrato de namoro impede que se complete o suporte fático da união estável, uma vez que atinge justamente seu elemento volitivo: declara-se expressamente que não se quer constituir família.

No que concerne especificamente ao contrato de namoro, entende-se que a decisão pioneira lavrada pelo Desembargador Luiz Felipe Brasil Santos foi mal compreendida pela doutrina nacional. De acordo com o acórdão, o contrato de namoro é um "aborto jurídico" porque visa à declaração de uma situação fática que não precisaria ser declarada: um relacionamento ainda em sua fase inicial, sem a intenção de constituir família ou de transformá-lo em casamento. Logo, a conclusão de que o contrato de namoro seria sempre nulo é equivocada. Na verdade, a decisão em comento, na medida em que negou a existência de união estável, reforça a necessidade de se produzir um documento que permita identificar, sem margem de dúvidas, a existência ou não da intenção de constituir família. Nesse sentido, evidente que o contrato firmado, para produzir efeitos, precisa espelhar a realidade vivida pelo casal (princípio da primazia da realidade).

O relevo dado à vontade das partes é coerente com o transcurso operado do modelo transpessoal ao eudemonista de família. Também, encontra assento na doutrina do direito de família mínimo, que defende uma intervenção estatal mínima nessa seara, ocorrendo em caráter excepcional apenas quando se configurarem situações de vulnerabilidade.

Em última instância, o exercício da autonomia privada do casal se traduz na garantia do princípio da dignidade da pessoa humana.

REFERÊNCIAS

ACOSTA, Ana Rojas; VITALE, Maria Amalia Faller (Org.). *Família*: redes, laços e políticas públicas. 5. ed. São Paulo: Cortez, [s.d.].

AGAMBEN, Giorgio. *Homo sacer*: poder soberano e vida nua I. Tradução de Henrique Burigo. Belo Horizonte: Editora UFMG, 2002.

AGAMBEN, Giorgio. *O que resta de Auschwitz*: o arquivo e a testemunha (Homo Sacer III). Tradução de Selvino J. Assmann. São Paulo: Boitempo, 2008.

ALENCAR, Mônica Maria Torres de; DUARTE, Marco José de Oliveira (Org.). *Família e famílias*: práticas sociais e conversações contemporâneas. Rio de Janeiro: Lumen Juris, 2010.

ALVES, Leonardo Barreto Moreira. *Direito de família mínimo*: a possibilidade de aplicação e o campo de incidência da autonomia privada no direito de família. Rio de Janeiro: Lumen Juris, 2010.

AQUINO, Felipe. *Namoro*. 35. ed. Lorena: Cléofas, 2009.

ARAUJO, Vaneska Donato de. Contratos e direitos da personalidade. *In*: HIRONAKA, Giselda Maria Fernandes Novaes; TARTUCE, Flávio (Coord.). *Direito contratual*: temas atuais. São Paulo: Método, 2007.

ASSOCIAÇÃO BRASILEIRA DE EMPRESAS DE CARTÕES DE CRÉDITO E SERVIÇOS – ABECS. *Quem somos*. Disponível em: http://www.abecs.Org.br/quemsomos_ historia.asp. Acesso em: 13 set. 2010.

BANDEIRA, Manuel. *Meus poemas preferidos*. Rio de Janeiro: Ediouro, 2001.

BARBOSA, Rui. *Oração aos moços*. Edição comemorativa dos 170 anos do nascimento de Rui Barbosa. Brasília: Senado Federal, 2019.

BAUMAN, Zygmunt. *A arte da vida*. Tradução de Carlos Alberto Medeiros. Rio de Janeiro: Zahar, 2009.

BAUMAN, Zygmunt. *A sociedade individualizada*: vidas contadas e histórias vividas. Tradução de José Gradel. Rio de Janeiro: Zahar, 2008.

BAUMAN, Zygmunt. *Amor líquido*: sobre a fragilidade dos laços humanos. Tradução de Carlos Alberto Medeiros. Rio de Janeiro: Zahar, 2004.

BAUMAN, Zygmunt. *Capitalismo parasitário e outros temas contemporâneos*. Tradução de Eliana Aguiar. Rio de Janeiro: Zahar, 2010.

BAUMAN, Zygmunt. *Comunidade*: a busca por segurança no mundo atual. Tradução de Plínio Dentzien. Rio de Janeiro: Zahar, 2003.

BAUMAN, Zygmunt. *Confiança e medo na cidade*. Tradução de Eliana Aguiar. Rio de Janeiro: Zahar, 2009.

BAUMAN, Zygmunt. *Em busca da política*. Tradução de Marcus Penchel. Rio de Janeiro: Zahar, 2000.

BAUMAN, Zygmunt. *Globalização*: as consequências humanas. Tradução de Marcus Penchel. Rio de Janeiro: Zahar, 1999.

BAUMAN, Zygmunt. *Identidade*: entrevista a Benedetto Vecchi. Tradução de Carlos Alberto Medeiros. Rio de Janeiro: Zahar, 2005.

BAUMAN, Zygmunt. *Legisladores e intérpretes*: sobre modernidade, pós-modernidade e intelectuais. Tradução de Renato Aguiar. Rio de Janeiro: Zahar, 2010.

BAUMAN, Zygmunt. *Medo líquido*. Tradução de Carlos Alberto Medeiros. Rio de Janeiro: Zahar, 2008.

BAUMAN, Zygmunt. *Modernidade e holocausto*. Tradução de Marcus Penchel. Rio de Janeiro: Zahar, 1998.

BAUMAN, Zygmunt. *Modernidade líquida*. Tradução de Plínio Dentzien. Rio de Janeiro: Zahar, 2001.

BAUMAN, Zygmunt. *O mal-estar na pós-modernidade*. Tradução de Mauro Gama e Cláudia Martinelli Gama. Rio de Janeiro: Zahar, 1998.

BAUMAN, Zygmunt. *Tempos líquidos*. Tradução de Carlos Alberto Medeiros. Rio de Janeiro: Zahar, 2007.

BAUMAN, Zygmunt. *Vida a crédito*: conversas com Citali Rovirosa-Madrazo. Tradução de Alexandre Werneck. Rio de Janeiro: Zahar, 2010.

BAUMAN, Zygmunt. *Vida líquida*. Tradução de Carlos Alberto Medeiros. Rio de Janeiro: Zahar, 2007.

BAUMAN, Zygmunt. *Vida para consumo*: a transformação das pessoas em mercadorias. Tradução de Carlos Alberto Medeiros. Rio de Janeiro: Zahar, 2008.

BAUMAN, Zygmunt. *Vidas desperdiçadas*. Tradução de Carlos Alberto Medeiros. Rio de Janeiro: Zahar, 2005.

BAUMAN, Zygmunt; MAY, Tim. *Aprendendo a pensar com a sociologia*. Tradução de Alexandre Werneck. Rio de Janeiro: Zahar, 2010.

BITTAR, Eduardo Carlos Bianca. Família, sociedade e educação: um ensaio sobre individualismo, amor líquido e cultura pós-moderna. *Revista Brasileira de Direito das Famílias e Sucessões*, Porto Alegre; Belo Horizonte, out./nov. 2007.

BITTAR, Eduardo Carlos Bianca. Modernidade líquida, relações instáveis. *Boletim IBDFAM*, n. 47, p. 3-4, nov./dez. 2007. Entrevista.

BONDER, Nilton. *A alma imoral*: traição e tradição através dos tempos. Rio de Janeiro: Rocco, 1998.

BORTOLATTO, Ariani Folharini; GHILARDI, Dóris. Existir, valer, ser eficaz: o que a teoria dos fatos jurídicos diz sobre o "contrato de namoro"? *In*: GHILARDI, Dóris; GOMES, Renata Raupp (Coord.). *Estudos avançados de direito de família e sucessões*. Rio de Janeiro: Lumen Juris, 2020. p. 1-17.

BRASILEIRO, Luciana. *As famílias simultâneas e seu regime jurídico*. 3. ed. Belo Horizonte: Fórum, 2021.

BRITO, Rodrigo Toscano de. Conceito atual de família e suas repercussões patrimoniais. *In*: DIAS, Maria Berenice (Org.). *Direito das famílias*. São Paulo: RT, 2009.

CAHALI, Francisco José. *Contrato de convivência na união estável* (de acordo com o novo Código Civil – Lei nº 10.406 de 10.01.2002). São Paulo: Saraiva, 2002.

CALDERÓN, Ricardo. O amor em tempos de pandemia: efeitos nos relacionamentos efetivos. *In*: NEVARES, Ana Luiza Maia; XAVIER, Marília Pedroso; MARZAGÃO, Silvia Felipe. *Coronavírus*: impactos no direito de família e sucessões. Indaiatuba: Foco, 2020. p. 93-102.

CALDERÓN, Ricardo. *Princípio da afetividade no direito de família*. 2. ed. Rio de Janeiro: Forense, 2017.

CALVINO, Ítalo. *As cidades invisíveis*. Tradução de Diogo Mainardi. São Paulo: Companhia das Letras, 1990.

CAMPOS, Diogo Leite de. *Lições de direito da família e das sucessões*. Coimbra: Almedina, 2008.

CARBONERA, Silvana Maria. O papel jurídico do afeto nas relações de família. *In:* FACHIN, Luiz Edson. *Repensando fundamentos do direito civil brasileiro contemporâneo*. Rio de Janeiro: Renovar, 2000.

CARBONERA, Silvana Maria. *Reserva de intimidade*: uma possível tutela da dignidade no espaço relacional da conjugalidade. Rio de Janeiro: Renovar, 2008.

CARVALHO, Dimitre Braga Soares de. Minha família, minhas regras: da família contratual aos smartcontracts de direito de família. *IBDFAM*, 27 abr. 2022. Disponível em: https://ibdfam.org.br/artigos/1809/Minha+fam%C3%ADlia%2C+minhas+regras%3A+da+fam%C3%ADlia+contratual+aos+smartcontracts+de+Direito+de+Fam%C3%ADlia. Acesso em: 30 abr. 2022.

CARVALHO, Felipe Quintela Machado de; MAFRA, Tereza Cristina Monteiro. A coabitação como elemento acidental e não essencial da sociedade conjugal e da união estável: a lição da pandemia da Covid-19. *Revista Brasileira de Direito Civil – RBDCivil*, Belo Horizonte, v. 26, p. 107-129, out./dez. 2020.

CATAN, João Henrique Miranda Soares. O réquiem dos contratos de namoro e a possibilidade da instituição da cláusula darwiniana. *IBDFAM*, 10 jun. 2013. Disponível em: https://ibdfam.org.br/artigos/890/O+r%C3%A9quiem+dos+contratos+de+namoro+e+a+possibilidade+da+institui%C3%A7%C3%A3o+da+cl%C3%A1usula+darwiniana. Acesso em: 29 abr. 2022.

CHAVES, Jaqueline Cavalcanti. *"Ficar com"*: um estudo sobre um código de relacionamento no Brasil. 3. ed. Rio de Janeiro: Revan, 2001.

CLEMENTE, Isabel. Contrato de namoro. Você faria? *Revista Época*. Disponível em: http://colunas.epoca.globo.com/mulher7por7/2010/07/07/contrato-de-namoro-voce-faria/. Acesso em: 16 dez. 2010.

COLE, Charles D. Common-law marriage in the contemporary United States. *Nomos: Revista do Curso de Mestrado em Direito da UFC*, Fortaleza, v. 27, p. 357-365, jul./dez. 2007.

CONRADO, Marcelo; XAVIER, Luciana. Proteção do consumidor endividado: o desequilíbrio entre o crédito e o consumo. *In*: CORTIANO JUNIOR, Eroulths *et al*. (Coord.). *Apontamentos críticos para o direito civil brasileiro contemporâneo*. Curitiba: Juruá, 2009.

CONTRATO para preservar bens durante o namoro é nulo. *IBDFAM*. Disponível em: http://www.ibdfam.Org.br/?noticias&noticia=922. Acesso em: 18 dez. 2010.

COSTA, Maria Isabel Pereira da. Família: do autoritarismo ao afeto – Como e a quem deve indenizar a omissão do afeto? *Revista Brasileira de Direito de Família*, Porto Alegre, v. 7, n. 32, p. 20-39, out./nov. 2005.

COSTA, Mário Julio de Almeida. *Direito das obrigações*. 9. ed. rev. e aum. Coimbra: Almedina, 2001.

COUTO, Lindajara Ostjen. Constitucionalização do direito civil de família: o paradoxal crescimento do direito fundamental da autonomia privada. *IBDFAM*. Disponível em: http://www.ibdfam.Org.br/?artigos&artigo=460. Acesso em: 20 dez. 2010.

CRUZ, Maria Luiza Póvoa. Namoro ou união estável? *IBDFAM*. Disponível em: http://www.ibdfam.Org.br/?artigos&artigo=503. Acesso em: 18 dez. 2010.

DANTAS, San Tiago. *Direitos de família e das sucessões*. 2. ed. Rio de Janeiro: Forense, 1991.

DEL PRIORE, Mary (Org.). *História das mulheres no Brasil*. 9. ed. São Paulo: Contexto, 2009.

DELGADO, Mário Luiz. O paradoxo da união estável: um casamento forçado. *Revista Nacional de Direito de Família e Sucessões*, Porto Alegre, v. 1, n. 2, p. 5-21, 2014.

DIAS, Maria Berenice. *A estatização do afeto*. Disponível em: http://buscalegis.ufsc.br/revistas/index.php/buscalegis/article/view/8182/7748. Acesso em: 11 dez. 2010.

DIAS, Maria Berenice. Mais 10! *IBDFAM*. Disponível em: http://www.ibdfam.Org.br/?artigos&artigo=702. Acesso em: 3 jan. 2011.

DIAS, Maria Berenice. *Manual de direito das famílias*. 5. ed. rev., atual. e ampl. São Paulo: Revista dos Tribunais, 2009.

DONINI, Antonio Carlos. *Meu bem meus bens*. São Paulo: Klarear, 2009.

EDELMAN, Bernard. *O direito captado pela fotografia*. Tradução de Soveral Martins e Pires de Carvalho. Coimbra: Centelha, 1976.

EHRHARDT Jr., Marcos. Como a utilização da tecnologia impacta nas relações familiares em tempos de pandemia da covid-19? *In:* NEVARES, Ana Luiza Maia; XAVIER, Marília Pedroso; MARZAGÃO, Silvia Felipe. *Coronavírus*: impactos no Direito de família e sucessões. Indaiatuba: Foco, 2020. p. 93-102.

FACHIN, Luiz Edson. *A "reconstitucionalização" do direito civil brasileiro*: lei nova e velhos problemas à luz de dez desafios. Disponível em: http://www.unibrasil.com.br/revista_on_line/artigo%2022.pdf. Acesso em: 7 set. 2010.

FACHIN, Luiz Edson. Da função pública ao espaço privado: aspectos da "privatização" da família no projeto do "Estado Mínimo". *In:* MARQUES NETO, Agostinho Ramalho *et al*. *Direito e neoliberalismo*: elementos para uma leitura interdisciplinar. Curitiba: EDIBEJ, 1996.

FACHIN, Luiz Edson. *Direito de família*: elementos críticos à luz do novo Código Civil brasileiro. Rio de Janeiro: Renovar, 2003.

FACHIN, Luiz Edson. O impacto das mudanças sociais no direito de família (entre dois Brasis: do casamento codificado às famílias não "matrimonializadas" na experiência brasileira). *Boletim da Faculdade de Direito, Studia Juridica*. Colloquia 6, Coimbra, 2000.

FACHIN, Luiz Edson. *Teoria crítica do direito civil*. 2. ed. Rio de Janeiro: Renovar, 2003.

FÉRES-CARNEIRO, Terezinha. *Casamento contemporâneo*: o difícil convívio da individualidade com a conjugalidade. Disponível em: http://www.scielo.br/scielo.

php?script=sci_arttext&pid=S0102-79721998000200014&lng=pt &nrm=iso&tl. Acesso em: 15 dez. 2010.

FIGUEIREDO, Luciano. Afinal, é namoro ou união estável? *Migalhas*, 17 abr. 2017. Disponível em: https://www.migalhas.com.br/depeso/257410/afinal--e-namoro-ou-uniao-estavel. Acesso em: 1º maio de 2022.

FUNDAÇÃO GETÚLIO VARGAS. *Relatório Índice de Confiança na Justiça no Brasil – ICJBrasil*, 3º trimestre de 2010. Disponível em: http://virtualbib.fgv.br/dspace/bitstream/handle/10438/7727/RelICJBrasil3tri2010%27%27.pdf?sequence=3. Acesso em: 15 dez. 2010.

GAMA, Guilherme Calmon Nogueira da. *Direito civil*: família. São Paulo: Atlas, 2008.

GEDIEL, José Antônio Peres. *Os transplantes de órgãos e a invenção moderna do corpo*. Curitiba: Moinho do Verbo, 2000.

GOMES, Orlando. A evolução do direito privado e o atraso da técnica jurídica. *In: Revista Direito GV*, v. 1, n. 1, p. 121-134, maio 2005.

GOMES, Orlando. A função renovadora do direito. *Revista de Direito da UFPR*, Curitiba, 1969. v. 12.

GOMES, Orlando. *Contratos*. Rio de Janeiro: Forense, 2007.

GROSSI, Paolo. *Mitologias jurídicas da modernidade*. Tradução de Arno Dal Ri Júnior. Florianópolis: Fundação Boiteux, 2004.

GUIMARÃES, Cleide. *Até que o dinheiro nos separe*: a questão financeira nos relacionamentos. São Paulo: Saraiva, 2010.

HOLANDA, Maria Rita de. *Parentalidade*: entre a realidade social e o direito. Belo Horizonte: Fórum, 2021.

IBGE. *Séries*. Disponível em: http://seriesestatisticas.ibge.gov.br/series.aspx?vcodigo=FED304.

IHARA, Toni; WARNER, Ralph; HERTZ, Frederick. *Living together*: a legal guide for unmarried couples. 14. ed. Berkeley: Nolo, 2008.

KARLIK, Michael. State Supreme Court recognizes same-sex common law marriages prior to 2015 legalization. *Colorado Politics*, 2021. Disponível em: https://www.coloradopolitics.com/news/state-supreme-court-recognizes-same-sex-common-law-marriages-prior-to-2015-legalization/article_9c244ad4-5443-11eb-9f98-77fc33e399d9.html. Acesso em: 28 abr. 2022.

KUHN, Thomas S. *A estrutura das revoluções científicas*. Tradução de Beatriz Vianna Boeira e Nelson Boeira. 9. ed. São Paulo: Perspectiva, 2006.

LEITE, Eduardo de Oliveira. A (des)união estável. *In*: LEITE, Eduardo de Oliveira (Coord.). *Grandes temas da atualidade* – União estável: aspectos polêmicos e controvertidos. Rio de Janeiro: Forense, 2009. v. 8.

LEITE, Eduardo de Oliveira. *Direito civil aplicado*: direito de família. São Paulo: Revista dos Tribunais, 2005. v. 5.

LEITE, Eduardo de Oliveira. *Origem e evolução do casamento*. Curitiba: Juruá, 1991.

LEONARDO, Rodrigo Xavier. A denúncia e a resilição: críticas e propostas hermenêuticas ao art. 473 do CC/02 brasileiro. *Revista de Direito Civil Contemporâneo*, ano 3, v. 7, p. 93-115, abr./jun. 2016.

LEVI, Primo. *É isto um homem?* Tradução de Luigi Del Re. Rio de Janeiro: Rocco, 1988.

LIND, Göran. Commom *Law marriage*: a legal institution for cohabitation. New York: Oxford University Press, 2008.

LINDSTROM, Martin. *Sex, branding and profits*. Disponível em: http://www.brandingstrategyinsider.com/2008/09/naked-branding.html. Acesso em: 13 dez. 2010.

LINHARES, Juliana. Assim, eu assino. *Revista Veja*, São Paulo, ed. 2102, 4 mar. 2009.

LÔBO, Paulo Luiz Netto. *A concepção da união estável como ato-fato jurídico e suas repercussões*. Disponível em: http://evocati.com.br/evocati/impressao.wsp?tmp_codigo=385. Acesso em: 20 dez. 2010.

LÔBO, Paulo Luiz Netto. A repersonalização das relações de família. *Jus Navigandi*, Teresina, v. 9, n. 307, 10 maio 2004. Disponível em: http://jus.uol.com.br/revista/texto/5201. Acesso em: 3 jan. 2011.

LÔBO, Paulo Luiz Netto. *Direito civil*: parte geral. São Paulo: Saraiva, 2009.

LÔBO, Paulo Luiz Netto. Entidades familiares constitucionalizadas: para além do Numerus Clausus. *In:* FARIAS, Cristiano Chaves de (Coord.). *Temas atuais de direito e processo de família*: primeira série. Rio de Janeiro: Lumen Juris, 2004.

LÔBO, Paulo Luiz Netto. *Famílias*. São Paulo: Saraiva, 2008.

LÔBO, Paulo Luiz Netto. Prefácio. *In:* GAGLIANO, Pablo Stolze; PAMPLONA FILHO, Rodolfo. *O novo divórcio*. São Paulo: Saraiva, 2010.

LÔBO, Paulo Luiz Netto. Princípios do direito de família brasileiro. *In: Revista Brasileira de Direito Comparado*, v. 1, n. 1, jul. 1982.

LÔBO, Paulo. *Direito civil*: famílias. 10. ed. São Paulo: Saraiva, 2020.

MALUF, Carlos Alberto Dabus; MALUF, Adriana Caldas do Rego Freitas Dabus. A união estável e o namoro qualificado – Uma diferenciação. *Revista Nacional de Direito de Família e Sucessões*, Porto Alegre, n. 6, p. 49-62, maio/jun. 2015.

MARQUES, Cláudia Lima; CAVALLAZZI, Rosângela Lunardelli. *Direitos do consumidor endividado*: superendividamento e crédito. São Paulo: RT, 2006.

MATOS, Ana Carla Harmatiuk; OLIVEIRA, Lígia Ziggiotti de. Paradoxos entre autonomia e proteção das vulnerabilidades: efeitos jurídicos da união estável entre adolescentes. *In:* TEIXEIRA, Ana Carolina Brochado; DADALTO, Luciana (Org.). *Autoridade parental*: dilemas e desafios contemporâneos. Indaiatuba: Foco, 2019.

MEIRELES, Rose Melo Vencelau. *Autonomia privada e dignidade humana*. Rio de Janeiro: Renovar, 2009.

MELLO, Marcos Bernardes de. Breves notas sobre o perfil jurídico da união estável. *Revista IBDFAM: Famílias e Sucessões*, v. 39, p. 138-164, maio/jun. 2020.

MELLO, Marcos Bernardes de. Sobre a classificação do fato jurídico da união estável. *In*: ALBUQUERQUE, Fabíola Santos; EHRHARDT JR., Marcos; OLIVEIRA, Catarina Almeida de. *Famílias no direito contemporâneo*. Salvador: JusPodivm, 2010.

MELLO, Marcos Bernardes de. *Teoria do fato jurídico*: plano da existência. 15. ed. São Paulo: Saraiva, 2008.

META 2. *CNJ*. Disponível em: http://www.cnj.jus.br/index.php?Itemid=963. Acesso em: 15 dez. 2010.

MICHEL, Andrée. Modèles sociologiques de la famille dans les societés contemporaines. *Archives de philosophie du droit: reforme du droit de la famille*, Paris, 1975.

MORAES, Maria Celina Bodin de. A família democrática. *In*: MORAES, Maria Celina Bodin de. *Na medida da pessoa humana*: estudos de direito civil-constitucional. Rio de Janeiro: Renovar, 2010.

MORAES, Maria Celina Bodin de. O conceito de dignidade humana: substrato axiológico e conteúdo normativo. *In:* SARLET, Ingo Wolfgang. *Constituição, direitos fundamentais e direito privado*. Porto Alegre: Livraria do Advogado, 2010.

MORAES, Maria Celina Bodin de. Uma aplicação do princípio da liberdade. *In:* MORAES, Maria Celina Bodin de. *Na medida da pessoa humana*: estudos de direito civil-constitucional. Rio de Janeiro: Renovar, 2010.

MORAES, Maria Celina Bodin de. Vulnerabilidades nas relações de família: o problema da desigualdade de gênero. *Cadernos da Escola Judicial do TRT da 4ª Região*, v. 3, p. 20-33, 2010.

MORIN, Gaston. *La revolte du droit contre le code*. Paris: Libraire du Recueil, 1945.

MULTEDO, Renata Vilela. *Liberdade e família*: limites para a intervenção do Estado nas relações conjugais e parentais. Rio de Janeiro: Processo, 2017.

MUNIZ, Francisco José Ferreira. *O direito de família na solução dos litígios*. Conferência proferida no XII Congresso Brasileiro de Magistrados (Belo Horizonte, 14 a 16 de novembro de 1991). Curitiba, 1992.

NALIN, Paulo. A autonomia privada na legalidade constitucional. *In*: NALIN, Paulo (Coord.). *Contrato & sociedade*. Curitiba: Juruá, 2006. v. 2.

NALIN, Paulo. *Do contrato*: conceito pós-moderno (em busca de sua formulação na perspectiva civil-constitucional). 2. ed. Curitiba: Juruá, 2006.

NAMUR, Samir. *A desconstrução da preponderância do discurso jurídico do casamento no direito de família*. Rio de Janeiro: Renovar, 2009.

NEVARES, Ana Luiza Maia. Entidades familiares na constituição: críticas à concepção hierarquizada. *In*: RAMOS, Carmen Lucia *et al*. (Org.). *Diálogos sobre direito civil*. Rio de Janeiro: Renovar, 2002.

NORONHA, Fernando. *Direito das obrigações*: fundamentos do direito das obrigações. São Paulo: Saraiva, 2003. v. 1.

NÚMERO de divórcios em cartórios de notas de São Paulo cresceu 109% no ano passado. *CNB-SP*, 2 fev. 2011. Disponível em: http://www.cnbsp.Org.br/Noticias_leiamais.aspx?NewsID=3099&TipoCategoria=1. Acesso em: 2 fev. 2011.

OBAMA comemora aprovação da reforma da saúde e deve assinar lei hoje. *Folha de S.Paulo*, 22 mar. 2010. Disponível em: http://www1.folha.uol.com.br/folha/mundo/ult94u710124.shtml. Acesso em: 21 dez. 2010.

OLIVEIRA, Euclides de. A escalada do afeto no direito de família: ficar, namorar, conviver, casar. *In:* PEREIRA, Rodrigo da Cunha (Coord.). *Família e dignidade humana*: anais V Congresso Brasileiro de Direito de Família. São Paulo: IOB Thomson, 2006.

OLIVEIRA, José Lamartine Correa de; MUNIZ, Francisco José Ferreira. O estado de direito e os direitos de personalidade. *Revista dos Tribunais*, São Paulo, v. 532, fev. 1980.

OLIVEIRA, José Lamartine Correa de; MUNIZ, Francisco José Ferreira. *Curso de direito de família*. 2. ed. Curitiba: Juruá, 1998.

OLIVEIRA, José Sebastião de. *Fundamentos constitucionais do direito de família*. São Paulo: RT, 2002.

OLIVEIRA, Luciano. *Não fale do Código de Hamurábi!* A pesquisa sócio-jurídica na pós-graduação em direito. Disponível em: http://www.esmape.com.br/downloads/Luciano_Oliveira_Nao_fale_do_codigo_de_Hamurabi.rtf. Acesso em: 23 set. 2010.

OTERO, Marcelo Truzzi; MOURA, Líbera Copetti de. União estável: fato, ato ou negócio jurídico? Repercussões práticas. *Revista do Advogado*, ano XLI, n. 151, p. 112-122, set. 2021.

OYAMA, Thais. Homens precavidos estão assinando "contratos de não-compromisso" com namoradas. *Revista Veja*, São Paulo, ed. 1746, 10 abr. 2002.

PAES, José Paulo. *Melhores poemas de José Paulo Paes*. Seleção Davi Arrigucci Jr. 5. ed. São Paulo: Global, 2003.

PAIANO, Daniela Braga. *A família atual e as espécies de filiação*: da possibilidade jurídica da multiparentalidade. Rio de Janeiro: Lumen Juris, 2017.

PEREIRA, Rodrigo da Cunha. *Código Civil da família anotado*. Curitiba: Juruá, 2009.

PEREIRA, Rodrigo da Cunha. *Direito das famílias*. 2. ed. Rio de Janeiro: Forense, 2021.

PERLINGIERI, Pietro. *O direito civil na legalidade constitucional*. Tradução de Maria Cristina de Cicco. Rio de Janeiro: Renovar, 2008.

PERROT, Michelle. O nó e o ninho. *Veja 25 anos*: reflexões para o futuro, São Paulo, 1993.

PINHEIRO, Rosalice Fidalgo. *Contrato e direitos fundamentais*. Curitiba: Juruá, 2009.

POFFO, Mara Rúbia Cattoni. Inexistência de união estável em namoro qualificado. *IBDFAM*. Disponível em: http://www.ibdfam.Org.br/?artigos&artigo=601. Acesso em: 18 dez. 2010.

PONTES DE MIRANDA, Francisco Cavalcanti. *Negócios jurídicos, representação, conteúdo, forma, prova*. Atualização de Marcos Bernardes de Mello, Marcos Ehrhardt. São Paulo: Revista dos Tribunais, 2012. t. III. Coleção Tratado de Direito Privado: Parte Especial.

PONTES DE MIRANDA, Francisco Cavalcanti. *Tratado das ações* – Ações declarativas. São Paulo: Revista dos Tribunais, 1975. t. II.

PONTES DE MIRANDA, Francisco Cavalcanti. *Tratado de direito privado*. 3. ed. Rio de Janeiro: Borsoi, 1971. v. 7.

PORTALIS, Jean-Etienne-Marie. *Discours préliminaire du premier projet de Code civil*. Paris: Voix de La cité, 1999.

PROGRAMA DAS NAÇÕES UNIDAS PARA O DESENVOLVIMENTO – PNUD. Disponível em: http://www.pnud.Org.br/pobreza_desigualdade/reportagens/index.php?id01=3597&lay=pde. Acesso em: 27 nov. 2010.

RAMOS, Carmen Lucia Silveira. *Família sem casamento*: de relação existencial de fato a realidade jurídica. Rio de Janeiro: Renovar, 2000.

RIBEIRO, Joaquim de Sousa. *Direito dos contratos*. Coimbra: Coimbra Editora, 2007.

RODOTÀ, Stefano; MORAES, Maria Celina Bodin de (Org.). *A vida na sociedade da vigilância*: a privacidade hoje. Tradução de Danilo Doneda e Luciana Cabral Doneda. Rio de Janeiro: Renovar, 2008.

ROPPO, Enzo. *O contrato*. Coimbra: Almedina, 2009.

ROSA, Conrado Paulino da. *Direito de família contemporâneo*. 8. ed. Salvador: JusPodivm, 2021.

ROXIN, Claus. *A proteção de bens jurídicos como função do direito penal*. Organização e tradução de André Luís Callegari e Nereu José Giacomolli. Porto Alegre: Livraria do Advogado, 2006.

ROXIN, Claus. *Derecho penal*: parte general. Tradução da 2. ed. alemã de Diego-Manuel Luzón Pena, Miguel Diaz y García Conlledo e Javier de Vicente Remesal. Madrid: Civitas, 1997. t.1: Fundamentos. La estructura de la teoría del delito.

RUZYK, Carlos Eduardo Pianovski. *Famílias simultâneas*: da unidade codificada à pluralidade constitucional. Rio de Janeiro: Renovar, 2005.

RUZYK, Carlos Eduardo Pianovski. *Institutos fundamentais do direito civil e liberdade(s)*: repensando a dimensão funcional do contrato, da propriedade e da família. Rio de Janeiro: GZ Ed., 2011.

SANTOS, Juarez Cirino dos. *Direito penal*: parte geral. Curitiba: ICPC, Lumen Juris, 2006.

SARMENTO, Daniel. *Direitos fundamentais e relações privadas*. 2. ed. Rio de Janeiro: Lumen Juris, 2006.

SCHREIBER, Anderson. A chamada união estável virtual: transformações do direito de família à luz da pandemia. *In:* NEVARES, Ana Luiza Maia; XAVIER, Marília Pedroso; MARZAGÃO, Silvia Felipe. *Coronavírus*: impactos no direito de família e sucessões. Indaiatuba: Foco, 2020. p. 85-92.

SCHREIBER, Anderson. A contratualização das relações afetivas. *Jota,* 1º mar. 2022. Disponível em: https://www.jota.info/opiniao-e-analise/colunas/coluna-do-anderson-schreiber/a-contratualizacao-das-relacoes-afetivas-01032022. Acesso em: 1º maio 2022.

SEVERIANO, Maria de Fátima Vieira; ESTRAMIANA, José Luis Álvaro. *Consumo, narcisismos e identidades contemporâneas*: uma análise psicossocial. Rio de Janeiro: EdUERJ, 2006.

SILVA, Leonardo Amaral Pinheiro. *Pacto dos namorados*: o namoro qualificado e a diferença que você gostaria de saber da união estável, mas tem receio em perguntar. Rio de Janeiro: Lumen Juris, 2018.

SILVA, Regina Beatriz Tavares da. *Namoro e união estável*: confusões. Disponível em: http://www.reginabeatriz.com.br/academico/artigos/artigo.aspx?id=128. Acesso em: 13 dez. 2011.

SILVA, Regina Beatriz Tavares da. *O mal falado contrato de namoro*. Disponível em: www.flaviotartuce.adv.br/artigosc/Regina_namoro.doc. Acesso em: 2 dez. 2010.

SILVA, Virgílio Afonso da. *A constitucionalização do direito*: os direitos fundamentais nas relações entre particulares. São Paulo: Malheiros, 2005.

SIMÃO, José Fernando. Parecer. Retroatividade de contrato de união estável. *Revista IBDFAM: Famílias e Sucessões*, Belo Horizonte, n. 40, p. 133-150, jul./ago. 2020.

STAUT, Sérgio Said. Algumas precauções metodológicas para o estudo do direito civil. *In:* CANEZIN, Claudete. *Arte jurídica*. Curitiba: Juruá, 2005.

SULLEROT, Evelyne. *A família*: da crise à necessidade. Tradução de Rogério Alves. Lisboa: Instituto Piaget, 1997.

TARTUCE, Flávio. *Direito civil*: direito de família. 4. ed. Rio de Janeiro: Forense; São Paulo: Método, 2010. v. 5.

TARTUCE, Flávio. Novos princípios do direito de família brasileiro. *In:* TEIXEIRA, Ana Carolina Brochado; RIBEIRO, Gustavo Pereira Leite (Coord.). *Manual de direito das famílias e das sucessões*. Belo Horizonte: Del Rey, Mandamentos, 2008.

TARTUCE, Flávio. União estável e namoro qualificado. *IBDFAM*, 28 mar. 2018. Disponível em: https://ibdfam.org.br/artigos/1265/Uni%C3%A3o+est%C3%A1vel+e+namoro+qualificado. Acesso em: 18 ago. 2021.

TEIXEIRA, Ana Carolina Brochado. *Família, guarda e autoridade parental*. 2. ed. Rio de Janeiro: Renovar, 2009.

TEIXEIRA, Ana Carolina Brochado. Haveria alternativas jurídicas frente à irresponsabilidade parental? *Boletim IBDFAM*, Belo Horizonte, n. 50, maio/jun. 2008.

TEIXEIRA, Ana Carolina Brochado. *Saúde, corpo e autonomia privada*. Rio de Janeiro: Renovar, 2010.

TEIXEIRA, Ana Carolina Brochado; MATTOS, Eleonora G. Saltão de Q. A coabitação em tempos de pandemia pode ser elemento caracterizador de união estável? *In:* NEVARES, Ana Luiza Maia; XAVIER, Marília Pedroso; MARZAGÃO, Silvia Felipe (Coord.). *Coronavírus*: impactos no direito de família e sucessões. Indaiatuba: Foco, 2020. p. 77-81.

TEIXEIRA, Ana Carolina Brochado; RODRIGUES, Renata de Lima. *O direito das famílias entre a norma e a realidade*. São Paulo: Atlas, 2010.

TEIXEIRA, Daniele Chaves (Coord.). *Arquitetura do planejamento sucessório*. 2. ed. rev. ampl. e atual. Belo Horizonte: Fórum, 2019. t. I.

TEIXEIRA, Daniele Chaves (Coord.). *Arquitetura do planejamento sucessório*. Belo Horizonte: Fórum, 2021. t. II.

TEIXEIRA, Daniele Chaves (Coord.). *Arquitetura do planejamento sucessório*. Belo Horizonte: Fórum, 2022. t. III.

TEIXEIRA, Daniele Chaves. *Planejamento sucessório*: pressupostos e limites. 2. ed. rev. ampl. e atual. Belo Horizonte: Fórum, 2019.

TEPEDINO, Gustavo; SCHREIBER, Anderson. Minorias no direito civil brasileiro. *In:* FARIAS, Cristiano Chaves de (Coord.). *Temas atuais de direito e processo de família*: primeira série. Rio de Janeiro: Lumen Juris, 2004.

TOGNOLLI, Cláudio Julio. Contrato para preservar bens durante o namoro é nulo. *Conjur*, 1º jul. 2006. Disponível em: https://www.conjur.com.br/2006-jul-01/contrato_preservar_bens_durante_namoro_nulo#:~:text=Um%20singular%20c%C3%B3digo%20de%20comportamento,casal%20dividia%20a%20mesma%20geografia. Acesso em: 30 abr. 2022.

TOMASETTI JÚNIOR, Alcides. Comentários à Lei de Locação de Imóveis Urbanos (arts. 1º a 13º). *In:* OLIVEIRA, Juarez de (Org.). *Comentários à Lei de Locações de Imóveis Urbanos*. São Paulo: Saraiva, 1992.

VELOSO, Zeno. A união estável e o chamado namoro qualificado no Brasil. *Revista Nacional de Direito de Família e Sucessões*, Porto Alegre, n. 18, p. 32-50, maio/jun. 2017.

VELOSO, Zeno. *Contrato de namoro*. Disponível em: www.soleis.com.br. Acesso em: 20 dez. 2010.

VELOSO, Zeno. É namoro ou união estável? *IBDFAM*, 20 jul. 2016. Disponível em: https://ibdfam.org.br/noticias/6060. Acesso em: 5 ago. 2021.

VELOSO, Zeno. *União estável*: requisitos. Disponível em: www.soleis.com.br. Acesso em: 15 dez. 2010.

VILLAS, Alberto. *O mundo acabou!* São Paulo: Globo, 2006.

VILLELA, João Baptista. Liberdade e família. *Revista da Faculdade de Direito da UFMG*, Belo Horizonte, 1985.

VILLELA, João Baptista. Repensando o direito de família. *In:* PEREIRA, Rodrigo da Cunha (Coord.). *Repensando o direito de família*. Belo Horizonte: Del Rey, 1999.

WOLKMER, Antonio Carlos. *Introdução ao pensamento jurídico crítico*. 7. ed. São Paulo: Saraiva, 2009.

XAVIER, Luciana Pedroso; XAVIER, Marília Pedroso. O planejamento sucessório colocado em xeque: afinal, o companheiro é herdeiro necessário? *In:* TEIXEIRA, Daniele Chaves (Coord.). *Arquitetura do planejamento sucessório*. 2. ed. Belo Horizonte: Fórum, 2019. p. 239-252.

XAVIER, Marília Pedroso. O contrato de namoro como instrumento de planejamento sucessório. *In:* TEIXEIRA, Daniele Chaves (Coord.) *Arquitetura do planejamento sucessório*. Belo Horizonte: Fórum, 2022. p. 565-578.

XAVIER, Marília Pedroso. O contrato de namoro é um aborto jurídico? *Migalhas*, 15 fev. 2021. Disponível em: https://www.migalhas.com.br/coluna/migalhas-contratuais/340315/o-contrato-de-namoro-e-um-aborto-juridico. Acesso em: 5 ago. 2021. XAVIER, Marília Pedroso. *União estável, íntegra e coerente*. 2015. Tese (Doutorado) – Universidade de São Paulo, São Paulo, 2015.

XAVIER, Marilia Pedroso; PUGLIESE, William Soares. Direito das pessoas com deficiência psíquica e intelectual nas relações privadas: convenção sobre os direitos da pessoa com deficiência e Lei Brasileira de Inclusão. *In:* MENEZES, Joyceane Bezerra de. (Org.). *O Estatuto da Pessoa com Deficiência e a União Estável*: primeiras reflexões. Rio de Janeiro: Processo, 2016. v. 1. p. 363-385.

ESCRITURA DECLARATÓRIA DE NAMORO
29º TABELIONATO DE NOTAS – SÃO PAULO
TABELIÃ PRISCILA AGAPITO

<<DIA.LETRA.MAIÚSCULA>> do mês de **<<MÊS>>** do ano de <<ANO.EXTENSO>> (**<<ANO.NUMÉRICO>>**), nesta Cidade e Estado de São Paulo, perante mim escrevente da 29ª Tabeliã de Notas desta Capital, <<LOCAL>>, comparece{u/ram}, **<<............>>**, todos identificados pelos documentos apresentados e cuja capacidade reconheço e dou fé. Pelas partes me foi dito que comparecem perante mim, escrevente, para formalizar o que segue: **1.** Por esta escritura pública e na melhor forma de direito, os declarantes, acima identificados, expressamente reconhecem e declaram que vêm mantendo relações de namoro desde **<<CONVIVÊNCIA_INICIADA>>, sem o propósito de constituir entidade familiar caracterizável na forma da lei civil**, pela absoluta falta dos requisitos essenciais à configuração de uma união estável. **2.** O relacionamento havido entre eles resume-se a encontros esporádicos em intervalos variáveis, para encontros, passeios e viagens ocasionais, apresentando-se perante a família e a sociedade como simples namorados sem compromisso de união duradoura e sem os deveres inerentes à situação jurídica de companheiros. **3.** Declaram que são maiores e plenamente capazes, tendo formado cada qual patrimônio próprio, sem qualquer colaboração de um ao outro, mantendo-se ambos financeiramente independentes, assim não havendo entre eles qualquer dependência de cunho econômico-financeiro. **4.** Afirmam os declarantes serem proprietários individuais de bens imóveis, cotas societárias de empresas comerciais e aplicações financeiras, isto para firmar que, os respectivos patrimônios são **exclusivos** de cada qual, distintos e incomunicáveis, sempre ficando cada um dos titulares responsável pelo gerenciamento e administração individual dos imóveis e móveis de que sejam titulares, podendo dispor deles como lhes convier, independentemente de assistência ou interferência de um ou

de outro. **5.** Os declarantes reiteram que seu relacionamento afetivo se dá com total independência de cada um, seja porque residem em tetos diversos, seja por manterem economias próprias, de modo que não fica caracterizada a convivência do tipo familiar, mas **simples namoro** com encontros ocasionais na residência de uma ou de outra das partes, ou em eventos sociais, sempre em caráter provisório e descontínuo, de tal sorte que ambos expressamente afirmam a incomunicabilidade dos bens havidos por qualquer deles, mesmo porque e de qualquer forma, a sua intenção foi a de manter a absoluta e total separação dos bens adquiridos, recebidos ou havidos individualmente. **6.** A mesma consequência de **absoluta separação de bens** fica estabelecida caso se entenda, por interpretação judicial diversa do que ora desejam os declarantes, tenha havido entre estes uma união de cunho familiar anterior ao presente ajuste. **7.** Os declarantes deixam expresso que as atividades negociais, empresariais e societárias mantidas por eles produzem somente os efeitos próprios em favor do titular, especialmente no que respeita à atribuição e distribuição de bonificações, dividendos, lucros, pró-labore e remunerações **inerentes** às empresas, conservando a propriedade exclusiva das cotas ou ações a que tenha ou venha a ter direitos nos termos dos contratos e dos estatutos sociais em vigor ou que venham a ser alterados. **8.** Declaram que cada um permanece com a livre e autônoma administração de seus próprios bens, com total possibilidade de alienação, disposição e oneração sem interferência recíproca. **9. ENCERRAMENTO:** Assim disseram, dou fé. Pediram-me e eu lhes lavrei a presente escritura declaratória, a qual depois de feita e lhes sendo lida em voz alta, acharam em tudo conforme, assinam[F].

Advertências importantes: A minuta acima, conforme mencionado no capítulo, foi cedida graciosamente pela Dra. Priscila Agapito para integrar e enriquecer ainda mais esta obra. Deixamos registrado nosso agradecimento. Também, cabe renovar ao leitor o alerta para o fato de que o contrato de namoro deve sempre ser feito e adaptado sob medida para cada casal. Nesse sentido, consultar a advocacia familiarista é fundamental e pode evitar inúmeros conflitos no futuro.

Esta obra foi composta em fonte Palatino Linotype, corpo 10
e impressa em papel Pólen Bold 70g (miolo) e Supremo 250g (capa)
pela Gráfica Star7.